BMW Motorrad

ROBERT WICKS · GREG BAKER

MOTORRAD ABENTEUER
FAHRTECHNIK FÜR REISE-ENDUROS

Mit einem Vorwort von **Simon Pavey**

Delius Klasing Verlag

Inhalt

BMW Motorrad

Vorwort von Simon Pavey　　6
Einleitung　　8

Das richtige Motorrad für die Abenteuertour　　10

Auswahl der Maschine　　13
Grundlagen des Abenteuermotorrades　　16
Ausrüstung und Zubehör　　25
Trainingszentren　　30

Die richtige Position　　34

Balance und Schwerpunkt　　36
Grundpositionen　　40
Fahren zu zweit　　47

Terrain — 48

Schotter	50
Sand	52
Dünen	54
Felsen	56
Schlamm	58
Flüsse	60
Straßen	64
Biking Vikings – Island als ultimatives Abenteuerziel	70

Grundlegende Fähigkeiten — 72

Auf- und Absteigen	76
Balance und Manövrierbarkeit	78
Kupplungsbeherrschung	82
Bremsen	84
Schritttempo	88
Die Wahl der richtigen Linie	90
Kurvenfahren	92
Steile Anstiege	96
Rettung am Hang	100
Steile Abhänge	104
Furchen und Hindernisse	108
Probleme meistern	112

Spezialtechniken — 118

Hohes Tempo	120
Driftbremsungen in Kurven	124
Powerslides	126
Schräge und schiefe Ebenen	130
Sprünge	134
Dakar: Die ultimativen Abenteuerfahrer	138

Lange Strecken — 142

Motivation und mentale Vorbereitung	144
Körperliche Fitness	148
Essen und Trinken	150
Routenplanung	153
Navigations-Grundkenntnisse	156
Persönliche Sicherheit	158
Umgang mit kulturellen Unterschieden	163
Überlebenstechniken	164
Erste Hilfe	167
Gruppenfahrten und -dynamik	169
Die Entstehung dieses Buches	172
Literatur / Internetadressen	174

Vorwort von Simon Pavey

Ich muss gerade an das Bild in Robs erstem Buch *Abenteuertouren mit dem Motorrad* denken, auf dem sich die vier Leute nach einer langen Geländetour dermaßen über den ersten Asphalt freuen, dass sie die Straße küssen. Ich sehe die Dinge ja etwas anders.

Als in Australien aufgewachsener Teenager war jedes Wochenende ein Offroad-Abenteuer. Einige von uns wollten möglichst schnell weg von den Eltern und schlichen durch die Vorortstraßen, um in die Sanddünen zu kommen. Dann wurde der Tag damit verbracht, auf brillanten Pfaden das hintere Ende der Halbinsel zu erreichen, um an der dortigen Tankstelle genügend »Flüssiggold« zu bunkern, damit wir auch den Rückweg schafften.

Wenn ich nicht zum Fahren draußen war, las ich darüber und war von Berichten über die exotischsten Rallyes fasziniert: die Inka-Rallye in Peru, die Rallye Dakar und die Roof of Africa.

1981 startete ich auf der Pazifikinsel Neukaledonien bei der Rallye des Cagous. Dies war aus verschiedenen Gründen eine bedeutende Sache, die nicht nur bis heute meine schönsten Rallye-Erinnerungen hervorruft. Ich lernte dort meine Frau Linley kennen und wir entschieden uns, wegen des Sports nach Europa zu gehen.

20 Jahre, sieben Dakar-Rallyes, die Roof of Africa und zahllose andere Rallyes später trage ich immer noch den gleichen Bazillus in mir, der nur seine Ausrichtung etwas verändert hat. Heute besteht meine wirkliche Leidenschaft zwischen den Rennen daraus, das Offroad-Fahren mit anderen zu teilen und ihnen meine Erkenntnisse weiterzugeben.

Für viele Leute kommt Geländefahren nicht in Betracht und sie bleiben lieber auf befestigten Straßen. Der Gedanke daran, eine schwere Reiseenduro über unkalkulierbares Terrain zu bewegen, ist für manche wirklich abschreckend. Ich glaube jedoch, man wird nur durch die Abkehr von ausgetretenen Pfaden und das Fahren im richtigen Gelände wirklich entdecken, welche Gefühle Enduroreisen hervorrufen können.

Fairerweise muss gesagt werden, dass in der Wildnis die Herausforderungen tatsächlich größer sein können als auf der normalen Straße. Doch wenn man es packt und die zwei wichtigsten Aspekte beachtet – immer maximale Kontrolle über das Motorrad behalten und dabei gleichzeitig möglichst fit sein –, gibt es keinen Grund, warum man das Reisen abseits der Straße nicht genießen sollte.

Als mich Rob und Greg fragten, ob ich ihnen bei ihrem neuen Buch über entsprechende Fahrtechniken helfen könnte, sprachen sie genau meine Leidenschaft an, aus der heraus ich auch täglich in Wales Trainingskurse anbiete. Ich hoffe aufrichtig, alle Leser zu animieren, mir in den Staub und den Dreck zu folgen. Nimm die wichtigsten Techniken der folgenden Seiten auf, genieße die inspirierenden Bilder und fahre, fahre, fahre. Aber niemals wieder den Asphalt küssen, okay?

Simon Pavey

Simon Pavey bei der Rallye Dakar 2009 in Argentinien und Chile
📷 Maindru Photo

Einleitung

Ted Simon wird mit dem Satz zitiert, er komme aus der Gruppe von Motorradfahrern, die lieber weit weg als schnell fahren. Dieses Weit-weg-Fahren – wir nennen es auch gern »Abenteuer-Motorradfahren« – ist eine Verbindung aus Spaß (Motorradfahren) und Spannung (Entdeckung), und es bringt uns ferne Horizonte in greifbare Nähe. Es ist weder Sport noch Zeitvertreib, umschließt aber einen Entdeckerethos, der sowohl für die Welt wie für einen selbst gilt.

Abenteuer-Motorradfahren erfordert eine Menge Fähigkeiten und bringt Herausforderungen mit sich, die auf viele zunächst beängstigend wirken. Abgesehen vom Geld- und Zeitaufwand sowie der notwendigen Planung und Beschaffung von Papieren für Grenzübertritte, werden auch das Terrain und das Klima neue Aufgaben darstellen. Zudem müssen alle technischen Probleme gelöst werden, die einen unterwegs treffen können. Vor allem – und dies ist der Grund für die Entstehung dieses Buches – ist die richtige Fahrtechnik gefragt. Obwohl viele Leute glauben, sie wüssten, wie ein Motorrad richtig gefahren wird, wissen nur wenige tatsächlich, wie mit ein paar simplen Änderungen des Fahrstils und der Beachtung einiger wichtiger Punkte die gesamte Reise lohnender, sicherer und weniger ermüdend werden kann. Viele vergessen, dass ein Motorrad ein »fahreraktives« Fahrzeug ist – zur Kontrolle also etwas Körpereinsatz benötigt wird. Sich gar nicht oder in die falsche Richtung zu bewegen, kann die Traktion ruinieren, das Fahrwerk überfordern und den Fahrer selbst völlig auspowern. Je besser die Kontrolle über das Motorrad, desto weniger ermüdend das Fahren.

Der langjährige Offroad-Instruktor Jim Hyde sagt: »Wenn du die wichtigen Aspekte zusammenfasst, geht es um Balance und Kontrolle – dies kann gar nicht genug betont werden. Halte dein Motorrad aufrecht und auf der Spur, und selbst die schwerste Maschine fühlt sich leicht und wendig an. Wenn du jedoch die Balance verlierst, wird sie schlagartig schwer. Der Trick liegt darin, das Fahrzeug rasch wieder ins Gleichgewicht zu bringen. Viele Fahrer sind tatsächlich ›im Ungleichgewicht‹ unterwegs und wundern sich, warum sie nach einer Tagestour so kaputt sind.«

Dieses Buch basiert auf vielen Kilometern eigener Erfahrungen und der intensiven Befragung führender Experten und ist der definitive Ratgeber, der alle Grundlagen des Abenteuer-Motorradfahrens behandelt, darunter die richtige Sitzposition, Techniken zum Überqueren unterschiedlicher Untergründe und Überlebensstrategien. Es will dir das Selbstvertrauen geben, das für eine lange Reise unabdingbar ist.

Ob man nun ein »Erst-Abenteurer« ist, der seine Fähigkeiten entwickeln will, oder bereits Erfahrungen hat und spezielle Techniken vertiefen möchte – das Buch wird helfen, unter allen Umständen das Beste aus sich selbst und dem Motorrad herauszuholen.

Ausgerüstet mit diesen Informationen und ein bisschen Fahrpraxis, gehörst du dann wahrscheinlich auch zu der Gruppe, die lieber weit weg fährt. Wir hoffen, dass dir dieses Buch Spaß macht und viel Vorfreude bringt.

Robert Wicks und Greg Baker

Das richtige Motorrad für die Abenteuertour

📷 Joe Pichler

Es ist sehr unwahrscheinlich, dass sich der New Yorker Carl Stevens Clancy 1913 während seiner Weltumrundung auf einer Vierzylinder-Henderson die tief greifende Wirkung vorstellen konnte, die er einmal auf die Entwicklung von Langstrecken-Motorrädern haben würde.

Clancy, dessen Weltreise ihn in gerade einmal acht Monaten durch 16 Länder und über vier Kontinente geführt hatte, begründete zusammen mit anderen Pionieren wie Robert Edison Fulton und Stanley Glanfield mithilfe recht rudimentärer Technik die Grundlage dessen, was wir heute als Abenteuermotorräder bezeichnen.

Wenn man eine Expedition wie die von Fulton oder Glanfield starten wollte, wäre dies selbst heute noch eine beeindruckende Leistung. Doch in den 1920er- und 1930er-Jahren, als Motorräder deutlich unzuverlässiger, Straßen – soweit vorhanden – in einem schlechten Zustand, Ersatzteile quasi nicht vorhanden und die Treibstoffversorgung bestenfalls sporadisch war, war eine solche Heldentat wahrhaft unglaublich.

In jüngerer Zeit hatten Menschen wie Ted Simon, Helge Pedersen, Bernd Tesch, Danny Liska, Ed Culberson, Grant Johnson oder Chris Scott eine große Wirkung auf das abenteuerorientierte Motorradreisen. Die Expeditionen »Long Way Round« und »Long Way Down« vor einigen Jahren fügten dem Thema eine neue Dimension hinzu. Die Idee einer großen Motorradreise erreichte mehr Menschen als jemals zuvor.

Scott beschreibt solche Motorradreisen als »eine herausfordernde Reise in die Wildnis oder in ein wirklich fremdartiges Land«. Er sieht das Motorrad als ein Werkzeug, mit dem man »dem Alltag und der Berechenbarkeit entkommen kann«. Abenteuer-Motorradfahren oder »Überlandfahren« hat in den letzten Jahrzehnten stark an Popularität gewonnen. Und was einst das Privileg reicher Exzentriker war, ist jetzt für viele von uns machbar. Während einige Motorradhersteller eher zaghaft Motorräder mit Abenteuerfassaden ins Programm genommen haben, haben andere diese einzigartige Entwicklung begeistert angenommen und »Interkontinental-Motorräder« produziert, die wirklich für Offroad-Weltreisen taugen.

Das moderne Abenteuermotorrad kommt in vielerlei Gestalt, von der modifizierten Geländemaschine bis hin zum speziell entwickelten Reise-Koloss. Alle haben die technischen Voraussetzungen, um damit an Orte zu gelangen, die für Durchschnittsreisende unzugänglich sind. Ernsthafte Motorradabenteurer sind meistens sehr spezielle Menschen, mit einer

Auswahl der Maschine	**13**
Grundlagen des Abenteuermotorrades	**16**
Ausrüstung und Zubehör	**25**
Trainingszentren	**30**

großen Sehnsucht, die Welt umfassend und auch in ihren unbekannten Facetten kennenzulernen..

In seinem Buch *Riding the World* sagt der Motorradjournalist Gregory Frazier, dass Abenteuermotorräder »den Leuten erlauben, aus der täglichen Routine zu entfliehen, Antworten auf die Fragen des Lebens zu suchen und sich selbst herauszufordern«. Es ist dieses Streben, alles Vorhandene zu verlassen, der Routine und der Arbeitsmonotonie zu entkommen und die Herausforderung einer Fahrt ins Unbekannte anzunehmen, was das Abenteuer-Motorradfahren zu seiner solch faszinierenden Sache macht.

Die Flucht anzutreten und Neuland zu befahren, birgt natürlich einige Risiken, und je geübter man bei technischem Geschick und dem Verständnis ist, wie das Motorrad unter verschiedenen Bedingungen am besten kontrollierbar ist, desto besser lassen sich diese Risiken handhaben und desto genussvoller wird die gesamte Erfahrung.

↑ Eine so ausgerüstete BMW R 1200 GS Adventure wird einen mit Sicherheit um den Globus bringen.
📷 MCN

Auswahl der Maschine

Angehende Motorradabenteurer können sich von der aktuellen Auswahl verwöhnen lassen. Unter allen angebotenen Motorradkategorien hat das Reiseendurosegment das mit Abstand größte Wachstum am Markt erlebt, und nahezu jeder größere Hersteller hat eine neue Maschine im Fuhrpark, mit der man um die Welt reisen können soll. Manche werden diesen Ansprüchen gerecht – andere nicht.

Großenduros wie die KTM 990 Adventure oder die BMW R 1200 GS Adventure sind für den Einsatz auf allen Untergründen gut vorbereitet und können ohne große Veränderungen direkt aus dem Laden heraus auf große Fahrt gehen. Gleichzeitig haben andere Hersteller sich für Modelle entschieden, die zwar »Adventure«-Qualitäten andeuten, aber lediglich neu verschalte Straßenmaschinen sind. Bei der Entscheidungsfindung sollte dieser Unterschied immer berücksichtigt werden.

Ein Großteil des Wachstums in diesem Segment ist auf geänderte Lebensstile und Präferenzen für ein Motorrad zurückzuführen, das es einem erlaubt, das moderne, hektische Alltagsleben für ein Wochenende, eine Woche, ein Jahr oder noch länger zu verlassen. Die meisten Maschinen dieser Kategorie sind mit großvolumigen Motoren von 600 bis 1200 cm^3 Hubraum ausgerüstet, die für sanftes Reisen auf der Straße entwickelt wurden, denen gleichzeitig aber auch auf Schotterpisten oder gar querfeldein nicht die Puste ausgeht.

Der Nachteil bei großem Hubraum und ausreichender Belastbarkeit ist das hohe Eigengewicht, das die Maschine in extremen Situationen schwierig zu handhaben macht. Hohes Gewicht bedeutet, dass sowohl die Fahrtechnik wie auch die Fitness auf einem hohen Level sein müssen, denn das Manövrieren einer großen Maschine samt Gepäck durch unwegsames Gelände kann sehr anspruchsvoll sein. Und erhöhte Anstrengung ist etwas, was unbedingt vermieden werden sollte. Eine kleinere, leichtere und wendigere Leichtenduro mit

↑ Ein ganz normaler Arbeitstag für einen Weltreisenden
📷 BMW Motorrad

300 bis 600 cm³ Hubraum eignet sich besonders gut in schwierigem Terrain, doch auch dies kann nur ein Kompromiss sein, da die Straßeneigenschaften oft begrenzt und die Beladungskapazität sowie die Reichweite (mit dem Serientank) geringer sind.

Bevor irgendwelche Entscheidungen getroffen werden, muss man sich selbst die Fragen stellen: »Wie gut ist meine Technik?« und »Wie fit werde ich sein, wenn ich zum Abenteuer aufbreche?«, denn dies sind die ausschlaggebenden Elemente der Entscheidung. Nachdem dies klar ist, müssen die folgenden Daten zum individuellen Motorrad abgefragt werden:

Preis – Ein nagelneues Hightech-Welteroberungs-Abenteuermotorrad sieht in einer abgelegenen Gegend auf den Bildern der Verkaufsprospekte immer am besten aus, doch nicht nur der Kauf einer solchen Maschine reißt ein beträchtliches Loch in die Kasse, sondern auch die für sie anfallenden hohen Gebühren bei Carnets (Zollbegleitscheinen). Daher sollte auch der Gebrauchtmarkt genau beobachtet werden, wobei man jedoch sichergehen muss, dass man für sein Geld eine gute Maschine erhält, die das Abenteuer auch bestehen wird.

Timing und Einsatzfähigkeit – Je eher man sein Motorrad hat, desto besser: Als erfahrener Motorradfahrer wird man bereits Ideen haben, wie die Maschine umgebaut werden muss, und als Neuling muss man so viel Zeit mit seinem neuen Reisepartner wie möglich verbringen. Darüber hinaus können Bestellungen lange Vorlaufzeiten haben, da viele Teile erst nach Bestelleingang angefertigt werden.

Reichweite und Verbrauch – Das Motorrad darf auf der längsten Strecke zwischen zwei Tankstellen nicht ohne Benzin stehen bleiben. Nicht nur die Größe des Tanks, sondern auch der Verbrauch ist wichtig – ein großer Motor mit über einem Liter Hubraum kann besonders bei der harten Arbeit im Wüstensand sehr durstig werden. Mehr Treibstoff mitführen zu müssen, bedeutet ein höheres Gesamtgewicht.

Beladungsfähigkeit – Wie viel muss ich mitnehmen, und wie wird sich das Motorrad unter der Last verhalten? Zusatzgewicht hat Auswirkungen auf das Handling und kann besonders auf schlechtem Untergrund zu rascher Erschöpfung führen.

Terrain – Da Motorräder auf verschiedene Untergründe unterschiedlich reagieren, sollte das auf der Strecke zu erwartende Gelände in die Entscheidung mit einbezogen werden.

Ersatzteile und Zuverlässigkeit – Im Idealfall wählt man ein bestens erprobtes Motorrad aus, zudem sollten Ersatzteile direkt auf der Strecke oder relativ einfach von zu Hause beschafft werden können.

Technisches Wissen – Eine gewisse mechanische Kompetenz, um mit gelegentlich auftretenden technischen Problemen fertig zu werden, ist sehr zu begrüßen. Zumindest sollten die üblichen Wartungsarbeiten durchgeführt werden können.

Handling und Gewicht – Bevor ein Motorrad gekauft wird, sollte eine solche Maschine voll beladen Probe gefahren werden. Eine Großenduro mit etwas Zubehör und beladenen Koffern wiegt leicht über 300 kg.

Sitzhöhe – Zumindest auf einer Seite sollte der Boden mit einem vollständig aufgesetzten Fuß erreichbar sein. Dies klingt zunächst recht unwichtig, kann aber bei niedriger Geschwindigkeit, auf unebenen Untergründen oder in beengten Situationen dramatische Auswirkungen haben.

Vor der endgültigen Entscheidung sollte der Markt sondiert und verschiedene Modelle getestet werden. Es gibt kein »perfektes« Überlandmotorrad, denn was im Gelände gut ist, muss auf der Straße nicht unbedingt die beste Figur machen. Das ausgewählte Motorrad muss also der beste Kompromiss für den Fahrer und die Reise sein.

↓ **Die perfekte Flucht aus der täglichen Routine**
📷 Carlos Azevado

↑ **Fast jedes Motorrad kann zu einer Langstreckenmaschine umgebaut werden.**
📷 Metal Mule

Grundlagen des Abenteuermotorrades

Technische Betrachtungen

Reiseenduros unterscheiden sich von Straßenmaschinen auf vielerlei Weise. Um den größeren an sie gestellten Anforderungen gerecht zu werden und in der Härte der Geländeeinsätze zu bestehen, werden robustere (und schwerere) Materialien benötigt. Hinzu kommen spezielle Komponenten wie eine stärkere Lichtmaschine zum Versorgen aller nötigen Verbraucher. Empfindliche Bauteile müssen zusätzlich geschützt werden, und ein größerer Kühler hat unter Last die Betriebstemperatur sicherzustellen. Diese und viele andere Faktoren haben Einfluss auf die Entwicklung moderner Reiseenduros. Dies bedeutet nicht, dass man unbedingt das neueste und teuerste Motorrad haben muss, aber es muss korrekt angepasst sein, da andernfalls die Fahrbarkeit und die Sicherheit beeinträchtigt werden.

Bedienelemente

Eine clevere Bedienung der Maschine – mit Gas, Bremsen und Kupplung – kann beim Abenteuerreisen den großen Unterschied bringen. Lässt sich die Maschine mit schleifender Kupplung langsamer als im ersten Gang bewegen? Geht dies mit wenig Gas, ohne die Maschine abzuwürgen? Kann die Maschine bis zum Stillstand zusammengebremst und ausbalanciert werden, ohne dabei einen Fuß absetzen zu müssen, um so auch wieder losfahren zu können? Im Gelände ist eine perfekte Beherrschung der Bedienelemente ausschlaggebend.

Die folgende Liste ist nicht vollständig, gibt aber Hinweise auf die wichtigsten Punkte:
- Der Lenker muss korrekt eingestellt sein. Von der Seite betrachtet, sollte die Linie des Lenkers derjenigen der Gabel folgen.
- Kupplungs- und Bremshebel müssen im korrekten Winkel und gut erreichbar eingestellt sein. Diese Position muss sowohl im Sitzen als auch im Stehen bequem erreichbar sein.
- Die Hebelhalter dürfen nicht ganz fest gegen den Lenker geklemmt werden, damit sie sich bei einem Sturz verdrehen, statt zu brechen.
- Der Schalthebel und das Bremspedal müssen so eingestellt sein, dass sie sich über den Fußspitzen befinden, damit im Gelände nicht versehentlich geschaltet oder gebremst wird.
- Der Lenker sollte etwas breiter als die Schultern und nur leicht nach innen gezogen sein. Ein schmalerer Lenker sorgt für ein instabiles Vorderrad. Ein breiter und korrekt zur Gabel ausgerichteter Lenker ermöglicht besser den in diesem Buch empfohlenen »Ellbogen-hoch«-Fahrstil.
- Kupplungs- und Bremshebel müssen so eingestellt sein, dass sie 5–10 mm Leerweg haben, bevor sie funktionieren.
- Griffgummis können mit fest angezogenen Kabelbindern gesichert werden, damit sie sich während der Fahrt nicht vom Lenker lösen.
- Das Bremspedal sollte so eingestellt sein, dass nach etwa 10 mm Leerweg die Bremswirkung einsetzt.
- Position und Größe der Fußrasten haben einen großen Einfluss auf den Komfort, sodass nötigenfalls Fußrastenanlagen aus dem Zubehör montiert werden sollten.

→ Eine Reiseenduro muss einen guten Kompromiss zwischen Leergewicht, Zuladung, Motorleistung und Fahrwerkskapazität bieten.
📷 Yamaha

← Durch die Einstellung des Durchhangs mithilfe der Federvorspannung wird der nutzbare Federweg maximiert.
📷 Greg Baker

↓ Mithilfe der Dämpferverstellung lässt sich das Fahrverhalten an den Untergrund anpassen.
📷 Greg Baker

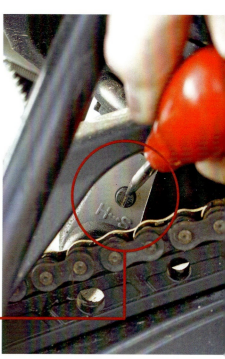

Federung und Sitzhöhe

Die Federsysteme moderner Reiseenduros sind normalerweise so ausgereift, dass sie mit den meisten Bedingungen zurechtkommen, doch sie sind üblicherweise für einen Durchschnittsfahrer und normale Umstände abgestimmt. Zusätzliche Lasten und extremes Terrain können spezielle Abstimmungen erfordern, um das Beste aus dem Motorrad herauszuholen.

Durch eine modifizierte Federvorspannung ändert sich das Verhalten der Federung unter Belastung. Wird die Feder mehr vorgespannt, muss mehr Gewicht angesetzt werden, um sie zu komprimieren. Ebenso wird durch eine verringerte Vorspannung weniger Gewicht zur Kompression nötig. In der Praxis muss durch die korrekte Federvorspannung der beste Kompromiss zwischen der Leistungsfähigkeit der Federung und dem Fahrkomfort angestrebt werden. Eine große Reiseenduro hat meistens keine große Einstellmöglichkeit, doch mit der Federvorspannung kann die Maschine ausreichend wirksam abgestimmt werden. Die Grundeinstellungen reichen für die tägliche Fahrt der meisten Leute mehr als aus, doch ein schwerer Mensch und weitere 50 kg Gepäck drücken die Federelemente nun einmal mehr zusammen als ein leichter Fahrer samt Zahnbürste.

Exakte Einstellungsvorgaben sind aufgrund der verschiedenen Anforderungen der Fahrer unmöglich, doch das Hauptziel muss darin bestehen, dass sich das Motorrad bequem handhaben lässt. Bei der Einstellung der Federelemente dürfen jeweils nur kleine Änderungen an einer einzelnen Stelle vorgenommen werden. Nur so wird man erkennen, wie jede Einstellung das Motorrad beeinflusst. Soll mehr Gepäck aufgeladen werden, muss zur Kompensation wahrscheinlich die Federvorspannung am Heck erhöht werden. Im Handbuch der Maschine wer-

⬇ **Bei einer solchen Fahrweise muss sichergestellt sein, dass die Federelemente in gutem Zustand und optimal eingestellt sind.**
📷 Thorvaldur Orn Kristmundsson

den sich Richtlinien für die Einstellungen finden, doch generell gilt, dass der Fahrer und sein Gepäck bei stehender Maschine die Federelemente um etwa ein Drittel einsacken lassen sollten. Die Scheinwerfereinstellung der Maschine kann eine gute Grundlage für die richtige Einstellung der Federung bieten. Hierzu setzt man sich auf das drei bis fünf Meter vor einer Wand stehende unbeladene Motorrad und markiert oder merkt sich den hellsten Punkt des Fernlicht-Lichtkegels. Jetzt wird das Motorrad mit der zu erwartenden Last beladen und der Lichtkegel erneut notiert. Wahrscheinlich wird dieser höher liegen als der erste, da das zusätzliche Gewicht die Hinterradfederung mehr belastet. In diesem Falle muss am Heck die Federvorspannung erhöht werden, bis der Lichtkegel wieder auf dem Punkt der unbeladenen Maschine angelangt ist. Durch das Erhöhen der Federvorspannung wird also das Motorrad wieder korrekt ausgerichtet. Hierbei muss jedoch ständig berücksichtigt werden, dass Stabilität und gute Handhabung gewährleistet sind.

Bei der Druck- und Zugstufendämpfung handelt es sich um die Feineinstellungen der Federungsqualität beziehungsweise des Komforts. Hierbei wird die Geschwindigkeit verändert, mit der die Federung auf Unebenheiten reagiert. Zu viel Druckdämpfung sorgt für ein raues und hartes Fahrverhalten, zu wenig für durchschlagende Federelemente. Zu viel Zugdämpfung verhindert, dass die Federung schnell genug wieder in ihre Ausgangsposition zurückkehrt, und verringert dadurch den Federweg für den nächsten Schlag. Zu wenig Zugdämpfung sorgt dafür, dass das Rad zu rasch zurückspringt und wieder vom Untergrund abprallt, sodass die Bodenhaftung verringert wird. Der ideale Anfangspunkt ist die Herstellerempfehlung, mit der eine Probefahrt unternommen wird. Hat man das Gefühl, etwas ändern zu müssen, darf jeweils nur an einer Einstellung gearbeitet werden, denn nur so fühlt man die Auswirkungen und weiß, was zurückgenommen werden muss, wenn sich die Wirkung verschlechtert.

■ Stollenprofil   ■ Enduroprofil

↑ Die richtige Reifenwahl hängt größtenteils vom zu erwartenden Untergrund ab.
📷 Waldo van der Waal

Mit einem korrekt eingestellten Motorrad wird sich nicht nur die Fahrqualität verbessern, sondern die Maschine wird sich sowohl auf der Straße wie im Gelände besser handhaben und beherrschen lassen.

Reifen

Die Motorradreifen sind die entscheidenden Verbindungsstellen zwischen dem Fahrer und dem Untergrund. Sie versorgen ihn mit Rückmeldungen über den Zustand des Bodens sowie über die Traktion und die Bremswirkung des Motorrades. Ein häufig übersehener Punkt ist die Kontaktfläche eines Enduroreifens, die etwa ein Drittel kleiner ist als diejenige eines Straßenreifens. Beim oft hohen Gesamtgewicht einer Reiseenduro ist es bemerkenswert, wie hart die Reifen arbeiten müssen, um beim Beschleunigen und Bremsen die Fuhre stabil zu halten.

Reifenkombinationen

Bei Motorradreifen müssen zwei unvermeidbare Aspekte betrachtet werden: Erstens verschleißen Hinterreifen immer schneller als Vorderreifen, und zweitens halten Straßenprofile länger als Grobstollen. Ein Stollenhinterreifen hält im Schnitt 3000 bis 5000 km, sein Gegenstück am Vorderrad wird 5000 bis 8000 km schaffen. Enduroreifen mit Straßenprofil halten hinten 6000 bis 8000 km und vorn bis zu 10 000 km. Langstreckenreisende neigen immer mehr dazu, Kombinationen aus Enduroreifen (z. B. dem Michelin Anakee 2) hinten und Stollenreifen (z. B. dem Michelin T63) vorn aufzuziehen. So erhält man einen guten Kompromiss aus Geländetraktion und Lebensdauer und muss erst nach 5000 bis 8000 km beide Reifen wechseln, sodass man bei Reisen bis 6000 km Länge keine Ersatzreifen mitzuschleppen braucht. Um sicherzugehen, dass Reifenkombinationen zulässig und sicher sind, sollten der Motorradhändler und der Reifenhändler befragt werden.

Reifendrücke

Reifen mit zu wenig Luftdruck zu fahren, erhöht das Risiko eines Plattfußes. Zu viel Druck verkleinert die Kontaktfläche und damit die Traktion. Ein guter Kompromiss liegt im Gelände zwischen 1 und 1,5 bar. Wenn es die Umstände erfordern und man den Reifen wieder aufpumpen kann, darf der Druck auch auf 0,7 bar reduziert werden.

↑ Wer vor der Abfahrt mehr über sein Motorrad weiß, hat es später bei Arbeiten am Straßenrand leichter.
📷 BMW Motorrad

Fahrwerk

Die Beladung und Belastung einer Reiseenduro unterscheidet sich stark von den Anforderungen an eine Straßenmaschine. Daher ist das Endurofahrwerk mithilfe von zusätzlichen Streben und härteren Materialien verstärkt und versteift. Die am stärksten belasteten Bereiche liegen am Lenkkopf, der Schwingenlagerung, der Stoßdämpferaufnahme, am Rahmenheck und an den Motorhalterungen. Da das Fahrwerk an sich kein bewegliches Teil ist, beschränkt sich die Wartung im Wesentlichen auf eine Sichtkontrolle.

Bei jeder Reinigung des Motorrades sollten die oben erwähnten Stellen genau überprüft werden, um Risse an Halterungen oder Schweißnähten aufzuspüren. Dezente Hinweise darauf sind Rostspuren an Schweißnähten, da hier der Riss den Lack beschädigt und Korrosion eingesetzt hat. Falls am Rahmen zusätzliche Halterungen oder Verstrebungen angebracht wurden, müssen diese regelmäßig auf Überlastung überprüft werden.

Das zweifellos empfindlichste Teil jedes mehrteiligen Fahrwerks ist das Rahmenheck, das sowohl den Fahrer als auch das Gepäck und gegebenenfalls den Beifahrer tragen muss. Falls bei der Ausrichtung eines Kofferträgers Probleme auftreten, kann der Grund dafür in einem verbogenen Rahmenheck liegen. Besser sichtbar sind Risse oder schlimmstenfalls gar Brüche. Alle Fahrwerks- und Motorbefestigungen müssen regelmäßig auf Festigkeit überprüft und nötigenfalls mit dem korrekten Drehmoment angezogen werden. Falls sich eine wichtige Befestigung immer wieder lockert, sollte sie mit Sicherungspaste (Loctite) zukünftig daran gehindert werden.

Werkzeug

Das Reisegepäck muss so leicht wie möglich sein – also darf man keine Werkzeuge mitnehmen, die man niemals benötigt. Ring- und Steckschlüssel für Schraubengrößen, die sich nicht am Motorrad finden, werden zu Hause gelassen. Das Gleiche gilt für Inbus- und Torx-Werkzeuge. Werkzeug sollte so leicht wie möglich sein – für die meisten Arbeiten an Motorrädern reicht ein hochwertiger 3/8-Zoll-Knarrenkasten samt Verlängerung mehr als aus, um Schrauben mit den höchsten

Drehmomenten anziehen zu können. Für besonders große Muttern können 1/2-Zoll-Steckschlüssel und ein entsprechender Adapter mitgenommen werden.

Andere wichtige Werkzeuge für unterwegs sind:

Gripzange – Ein unglaublich vielseitiges Werkzeug für die verschiedensten Aufgaben. Gibt es in unterschiedlichen Größen und Formen – eine ca. 15 cm lange Ausführung reicht aus und ist nicht zu klobig.

Kettenwerkzeug und Ersatzglieder – Die amerikanische Firma Motion Pro bietet ein Trenn- und Vernietwerkzeug an, das sehr leicht und funktionell ist.

Minikompressor – Ein von seiner Plastikumhüllung befreiter 12-Volt-Kompressor ist vergleichsweise klein und sehr nützlich.

Montierhebel und Reifenreparaturset – Das Wechseln von Reifen ist eine Kunst, die sich aber mit einiger Übung erlernen lässt. Man benötigt drei etwa 30 cm lange Montierhebel. Wenn mehrere Reifenpannen zu erwarten sind, darf man sich nicht auf ein kleines Reparaturset verlassen, sondern muss Flicken und Lösungsmittel in größeren Mengen beschaffen. Sinnvoll sind einige Ersatzschläuche – Vorderradschläuche können nötigenfalls in den Hinterreifen eingezogen werden, andersherum ist dies nicht möglich.

Kabelbinder und Gewebeklebeband – Universell einsetzbare Hilfsmittel. Statt eine große Rolle Klebeband mitzuführen, empfiehlt es sich, ein paar Meter Band um irgendetwas herumzuwickeln, um Platz zu sparen. Kabelbinder finden immer einen Platz in der Werkzeugtasche.

Isolierband – Obwohl im Allgemeinen für elektrische Isolierungen verwendet, kann dieses Band auch zur Gepäcksicherung, als Verbandspflaster oder für andere Zwecke benutzt werden, für die Gewebeband zu groß ist.

Schraubendreher – Ein Schlitz- und ein Kreuzschlitzschraubendreher mittlerer Größe sowie ein kleiner Stromprüfer-Schraubendreher, der auch als Dorn verwendet werden kann.

Schnellhärtendes Epoxid – Sogenannter Kaltschweißkleber (z. B. von JB Weld) kann zum Flicken von Rissen in Motorgehäusen oder zur Reparatur von Verkleidungsteilen verwendet werden.

Schlagschrauber – Zum Lösen fest sitzender Schrauben; erfordert natürlich auch einen Hammer.

Kleines Multimeter – Ein einfacher Spannungs- und Durchgangsprüfer reicht für die meisten Elektrikprobleme aus.

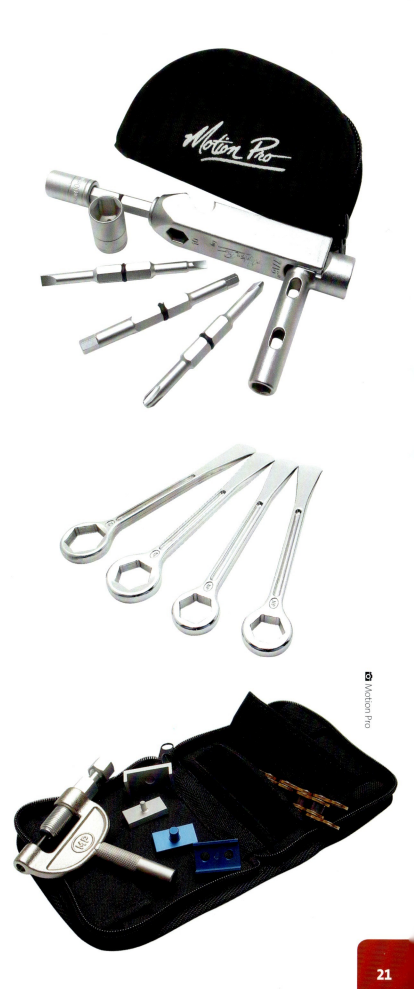

© Motion Pro

⬇ Danny Burroughs bei einer großen Inspektion an seiner BMW F 650. Die Reifen wurden bei seiner Weltreise extrem beansprucht.
📷 Adam Lewis

Wartungsarbeiten

Moderne Herstellungsmethoden und komplexe Motorsteuerungs- und Einspritzsysteme haben – bei guter Wartung – Motortotalausfälle beinahe aussterben lassen. Regelmäßige Kontrollen des Motorrades sind bei einer anstrengenden Reise mit hohen Belastungen des Motors, des Fahrwerks, der Räder, Reifen und anderer Komponenten allerdings sehr wichtig. Je besser das Motorrad, desto besser lässt es sich fahren und kontrollieren.

Eine regelmäßige Kontrolle des Öl- und Kühlmittelpegels stellt nicht nur sicher, dass alles funktionsfähig bleibt, sondern kann auch Hinweise auf zukünftige Probleme liefern. So kann steigender Ölverbrauch auf verschlissene Kolbenringe oder Ventilschaftdichtungen hinweisen. Ein stetig sinkender Kühlmittelpegel zeigt ein Leck irgendwo im Kühlsystem an. Die Beobachtung des Auspuffqualms hilft, das Problem zu diagnostizieren – dauerhaftes Bläuen weist auf verschlissene Kolbenringe hin, Qualm beim Starten oder im Schiebebetrieb bedeutet wahrscheinlich, dass Ventilschaftdichtungen erneuert werden müssen. Süßlich riechender Rauch belegt das Eindringen von Kühlwasser durch die Zylinderkopfdichtung oder einen Riss in den

→ Schäden an Felgen können durch korrekten Reifendruck minimiert werden.
📷 Touratech

Brennraum. Rechtzeitiges Reparieren kann sicherstellen, dass der Motor nicht mitten im Nirgendwo den Geist aufgibt.

Reifen sollten vor jeder Fahrt einer Sichtkontrolle unterzogen werden, um Druckverluste oder Schäden zu erkennen. Symptome für Schäden sind sowohl bei schlauchlosen als auch bei Schlauchreifen gleich und als Risse oder Ausbeulungen in der Reifenflanke oder fehlende Profilblöcke zu erkennen. Schäden an der Flanke müssen sehr ernst genommen werden, da sie zu einem plötzlichen Plattfuß führen können. Abgerissene Profilblöcke stellen ein geringeres Risiko dar, können aber zum leichten Eindringen von Gegenständen in die sehr dünne Karkasse führen. Es muss wohl nicht erwähnt werden, dass ein übermäßig verschlissener Reifen sobald wie möglich ersetzt werden sollte.

Die Luft kann schnell oder langsam aus Reifen entweichen – und hier unterscheiden sich Reifen mit Schläuchen von denen ohne. Ein eingedrungener Nagel oder ein Dorn sorgt beispielsweise bei einem Schlauchlosreifen für langsamere Druckverluste, da das Karkassenmaterial dazu neigt, das eingedrungene Objekt abzudichten. Bei einem vergleichbaren Schaden entweicht aus einem Schlauchreifen die Luft schneller, da der Schlauch keine abdichtende Wirkung hat. Das eingedrungene Teil sollte aus einem Schlauchlosreifen nicht entfernt werden, damit der Schaden in einer Fachwerkstatt behoben werden kann. Anders ist es bei einem Schlauchreifen, da der Fremdkörper bei sinkendem Luftdruck den Schlauch auch an der Innenseite (zur Felge hin) beschädigen kann. Ebenso kann der Schlauch zerreißen, sodass eine Reparatur unmöglich wird.

Schläuche können auch dadurch beschädigt werden, dass sie bei der Fahrt mit geringem Luftdruck durch den Kontakt mit einem Stein zwischen dem Reifen und der Felge eingeklemmt werden. Aufgrund des nicht vorhandenen Schlauchs kann dies bei Schlauchlosreifen nicht passieren. Schlauchreifen können nötigenfalls mit sehr niedrigem Druck gefahren werden, da sie mit sogenannten Reifenhaltern an der Felge gesichert werden können, damit sie sich nicht darauf drehen. Bei Schlauchreifen ist dagegen ein gewisser Druck erforderlich, der dafür sorgt, dass die Reifenwülste sicher im Felgenbett verbleiben; bei zu niedrigem

↑ **Wartungs- und Reparaturarbeiten ziehen oft ein interessiertes Publikum an.**
📷 Adam Lewis

Druck besteht das Risiko, dass sich der Reifen auf der Felge dreht und abspringt.

Bei beiden Reifentypen ist ein totaler Plattfuß möglich, der während der Fahrt sofort bemerkt wird. Vor einer Reparatur ist eine sorgfältige Untersuchung der Ursache nötig. Ein schleichender Plattfuß ist dagegen weniger deutlich erkennbar, und längere Fahrten mit wenig Reifendruck sorgen für eine starke Erwärmung des Reifens – was wiederum zu einem plötzlichen Druckverlust mit katastrophalen Folgen führen kann.

Der Antrieb des Hinterrades erfolgt per Kette oder Kardan – Zahnriemen eignen sich für den Betrieb im Gelände nicht. Ein Kardanantrieb erfordert generell wenig Wartung, da er abgedichtet ist und normalerweise keinem nennenswerten Verschleiß unterliegt. Lediglich das Öl im Winkeltrieb muss regelmäßig kontrolliert und gegebenenfalls gewechselt werden. Lecks müssen natürlich unverzüglich repariert werden. Ein Kettenantrieb dagegen erfordert ständiges Schmieren und Einstellen, beides ist jedoch relativ einfach durchzuführen. Wenn das Motorrad in einer trockenen und sandigen Umgebung gefahren wird, sollte die Kette »trocken« gehalten werden. Die Ketten der meisten größeren Motorräder sind mit O- oder X-Ringen abgedichtet, sodass bei jedem Kettenglied Schmierstoff zwischen dem Bolzen und der Rolle eingebettet ist. Wird das Motorrad in normaler oder feuchter Umgebung gefahren, sollte über ein automatisches Schmiersystem (z. B. Scottoiler) nachgedacht werden, das die Kette während der Fahrt ständig mit Öl versorgt.

Andere von einem einigermaßen technisch versierten Fahrer ausführbare regelmäßige Wartungsarbeiten schließen das Einstellen des Ventilspiels (bei Motoren mit Einstellschrauben) sowie den Öl- und Ölfilterwechsel ein. Auch der Luftfilter ist zumeist gut zugänglich und sollte vor der Reise erneuert sowie in staubiger Umgebung regelmäßig gereinigt werden. Wüstensand kann extrem fein sein und in die kleinsten Ritzen eindringen, sodass ein Luftfilter bereits nach 100 km Wüstenpiste komplett verstopft sein kann. Papierfilter lassen sich leicht mit Druckluft reinigen, mit Öl getränkte Schaumstofffilter müssen mit Lösungsmittel ausgewaschen, getrocknet und vor dem Einbau wieder eingeölt werden. Für manche Maschinen (KTM) sind auch sogenannte Luftfiltersocken erhältlich, die über den normalen Filter gestülpt und nach einem staubigen Trip zusammen mit der Unterwäsche des Fahrers gewaschen werden können.

→ **Die Antriebskette muss stets gut geschmiert sein.**
📷 Thorvaldur Orn Kristmundsson

Ausrüstung und Zubehör

Gepäck

Harte Koffer oder weiche Taschen? Das bleibt die ewige Frage. Wenn es ein Ikonenbild einer Reiseenduro gibt, dann ist darauf eine BMW R 1200 GS mit Zega-Alukoffern und Topcase zu sehen. Zweifellos sind Koffer die erste Wahl der meisten angehenden Welteroberer. Lange Zeit waren Koffer nur aus Aluminium erhältlich, doch in jüngster Zeit haben sich auch Teile aus hochfestem Polyethylen als brauchbar erwiesen, wie sie von Hepco & Becker mit der Gobi-Serie angeboten werden. Beide Materialien haben ihre Vorteile: leicht, stabil, sicher – und leicht anzufertigen. Die »Gobi«-Koffer sind in einer innovativen doppelwandigen Konstruktion ausgeführt, die nicht nur die Festigkeit erhöht, sondern auch drei Liter Wasser aufnehmen kann, die sich mithilfe entsprechender Hähne sinnvoll einsetzen lassen.

Die in England beheimatete Firma Metal Mule stellt eine Reihe extrem hochwertiger Aluminiumboxen mit clever durchdachten Features wie verdeckten Schlössern, wetterfesten Silikondichtungen und als Arbeits- oder Essplatz einsetzbaren Deckeln her. Es sind Innenbeutel erhältlich, die die Mitnahme des Inhalts ermöglichen, ohne dass die Koffer vom Motorrad abgebaut werden müssen. Harte Koffer bieten eine hohe Sicherheit und viele andere Vorteile – sie können sowohl als Abstützung bei einem Reifenwechsel als auch als improvisierter Sitz oder Tisch dienen. Unsere Freunde aus Island wiesen zudem darauf hin, dass die Gobi-Plastikkoffer an der F 650 GS beim Durchqueren tieferer Gewässer auch eine gewisse Abstützung und Schwimmhilfe bieten – zum Schwimmfahrzeug machen sie das Motorrad jedoch nicht! Die Festigkeit eines Koffers bietet auch einen gewissen Schutz bei einem Umfaller oder Sturz. Die Nachteile liegen darin, dass Koffersysteme schwer und unflexibel sind. Sie sind zweifellos klobig und können durch einen schweren Schlag unbrauchbar gemacht werden.

← **Ab Werk lieferbare Koffersysteme sehen meistens sehr elegant aus.**
BMW Motorrad

↑ Sperrige Gegenstände lassen sich quer über den Koffern verstauen. Auf sichere Befestigung ist zu achten!
📷 Robert Wicks

→ Der Hornet-DS-Helm von Shoei
📷 Shoei

Weiche Taschen gibt es in unterschiedlichen Stärken. Tankrucksäcke und Tanktaschen werden normalerweise aus Ballistik-Nylon oder Cordura hergestellt und bieten eine sehr praktische Möglichkeit, Dinge zu transportieren, die rasch zugänglich sein müssen. Weiche Taschen haben den Vorteil der Flexibilität (sodass auch ungewöhnlich geformte Gegenstände relativ einfach zu verstauen sind) und des geringen Gewichts. Man benötigt nicht immer spezielle Befestigungen, und sie sind leicht zu demontieren und transportieren. Die Nachteile sind geringe Sicherheit (da sie nicht wirksam verschlossen werden können) sowie Festigkeit (da sie nicht den Schutz eines Koffers bieten).

Die Sicherheit des Gepäcks ist für Weltreisende immer ein wichtiges Thema. Neben dem oft sehr starken Wohlstandsgefälle mancher Reiseländer gibt es auch an vielen Orten eine hohe Kriminalitätsrate. Wenn man in einer Ortschaft anhält, dauert es oft nicht lange, bis man von zahlreichen Kindern umringt wird – und gelegentlich gibt es darunter welche, die gerne ein Andenken behalten möchten. Ein sinnvolles Produkt hiergegen ist ein aus Stahlseilen gewebtes Netz samt Zugband und Vorhängeschloss, wie es von »eXomesh« vertrieben wird. Solche Sicherheitsvorrichtungen ziehen jedoch immer noch stärker die Aufmerksamkeit auf das Motorrad, weil sich scheinbar lohnenswerte Dinge daran befinden könnten.

Helm

Wie bei jeder Fahrerausstattung gibt es für den Weltreisenden auch bei Helmen eine riesige Auswahl. Die meisten Fahrer wählen wegen des guten Schutzes für das Gesicht einen Vollvisierhelm. Moderne Herstellungsmethoden und Materialien haben Helme sicherer denn je gemacht, und selbst preiswerte Modelle können einen überragenden Schutz bieten. Wichtig ist jedoch, einen erfahrenen Händler zu konsultieren, der einem bei der Auswahl der richtigen Größe hilft. Für den ernsthaften

→ Eine Rallyejacke bietet guten Schutz und viele Taschen!
KTM

Geländeeinsatz ist es wichtig, einen Helm mit einer guten Belüftung zu wählen – dies gilt besonders für Fahrten in sonnigen Gegenden. Wer an die Zukunft denkt, beachtet auch, dass der Helm mit einem Headset ausgerüstet werden kann.

Der Shoei Hornet-DS ist ein gutes Beispiel für einen Endurohelm. Er hat bei Tests gut abgeschnitten und kann dank verschiedener Futterelemente präzise angepasst werden. Das Futter kann herausgenommen und gewaschen werden, damit es auch nach langen Fahrten in heißer und staubiger Umgebung wieder frisch und angenehm zu tragen ist. Die wesentlichen Vorteile von Helmen wie dem Hornet liegen in ihrer Flexibilität. Tatsächlich handelt es sich um weiterentwickelte Motocrosshelme, die dank innovativer Visiersysteme eine gute Belüftung behalten. Das Visier ist demontierbar, damit auch mit Schutzbrille gefahren werden kann. Der Helm bietet innen viel Platz und eine gute Belüftung, damit der Kopf kühl bleibt.

Auch ein normaler Motocrosshelm kann eine gute Wahl sein, doch aufgrund des fehlenden Visiers ist man gezwungen, immer mit Brille zu fahren – hiermit haben viele Leute Probleme, weil Brillen leicht beschlagen und lästig werden können.

Klapphelme sind ebenfalls populär, weil sie während der Fahrt guten Schutz bieten und im Stand oder bei geringem Tempo leicht geöffnet werden können (manche lassen sich auch bei höherem Tempo geöffnet fahren). Ihr Nachteil liegt im höheren Gewicht und einem oftmals erhöhten Geräuschpegel.

Bei jeder Helmwahl muss man auf einen bequemen Verschluss (Doppel-D-Ring oder Klickverschluss), die Verfügbarkeit von Ersatzvisieren und natürlich das Einhalten der neuesten Helmnorm (zzt. ECE 22-05) achten.

Kleidung

Textil oder Leder? Diese seit Langem immer wieder gestellte Frage ist kaum befriedigend zu beantworten. Die richtige Bekleidung ist immer von der persönlichen Entscheidung abhängig, doch einige Faktoren müssen generell in Betracht gezogen werden.

Die primäre Funktion von Motorradbekleidung ist der Schutz des Fahrers – sei es vor extremen Temperaturen, Regen oder Schlägen. Viele Jahre lang war Leder die einzige Wahl. Leder ist langlebig, abriebfest und einigermaßen atmungsaktiv, aber es kann sehr schwer sein und ist kaum wasserdicht zu bekommen (in jüngster Zeit gab es Entwicklungen in diese Richtung, die jedoch erst ihre Dauerhaftigkeit beweisen müssen).

Die zahlreichen Vorteile von Textilbekleidung machen sie zu einer idealen Wahl für Reisende. Moderne Anzüge sind extrem vielseitig und flexibel und haben zudem einen modularen Aufbau, der es erlaubt, verschiedene Elemente des Systems entsprechend den jeweiligen Bedürfnissen einzusetzen. Die Außenhaut des Textilanzugs besteht generell aus stabilem Nylon, das in manchem Fällen mit Kevlar verstärkt sein kann, um zusätzlichen Schutz zu bieten. Manche Anzüge sind an gefährdeten Stellen mit

↓ Integrierte Knieschützer sind lebenswichtig.
Thorvaldur Orn Kristmundsson

Leder versehen – bei Jacken an den Schultern oder Ellbogen, bei Hosen am Gesäß, an den Knien und an den Unterschenkeln (zum Schutz vor heißen Auspuffrohren). An der Jacke finden sich vorn und hinten sowie an den Armen Reißverschlüsse für Be- und Entlüftungs-Öffnungen. Zudem sind die meisten Anzüge an den Schultern, den Ellbogen und den Knien mit Protektoren und mit einer Tasche für einen Rückenprotektor ausgerüstet, der unbedingt eingesetzt werden sollte. Alternativ können solche »Schildkröten« mit entsprechenden Gurten unter der Jacke getragen werden.

Der andere Teil des Anzugsystems ist das wasserabweisende Innenfutter, das mit Membranen (z. B. »Goretex« oder »Sheltex«) dafür sorgt, dass dennoch der Schweiß abgeführt wird. Diese Systeme sorgen im Allgemeinen für ein angenehmes und trockenes Innenklima, wenn sie zusammen mit entsprechender Unterbekleidung aus Spezialfasern getragen werden, die ebenfalls den Schweiß abführen. Bei kälterem Wetter erhöhen dünne Schichten aus Unterwäsche die Isolation, ohne dass sich Schweiß ansammelt, der unangenehm werden kann. In einer heißeren Umgebung kann das wasserdichte Innenfutter entfernt werden, damit die Kombination aus einem schweißabführenden T-Shirt und geöffneten Belüftungsklappen eine sehr gute Kühlwirkung erzielen.

↓ **Selbst abseits des Motorrades kann die Reise ein echtes Abenteuer sein.**
📷 Joe Pichler

Stiefel

Bei Stiefeln und Handschuhen geht es immer um Kompromisse. Obwohl sie einen sehr wichtigen Schutz für unsere empfindlichen und gefährdeten Extremitäten bieten, handelt es sich um oft übersehene Dinge. Natürlich ist geringer Schutz immer noch besser als gar kein Schutz, und es ist besser, dünne Handschuhe und Wanderschuhe zu tragen als keine Handschuhe und Slipper. Doch es gibt auch Möglichkeiten, ohne eine schwere Rüstung einen guten Schutz zu bekommen.

Stiefel stehen bei der Wichtigkeit zu schützender Körperteile wahrscheinlich erst an zweiter Stelle hinter dem Helm. Die Füße und Unterschenkel befinden sich aber während der Fahrt nahe am Boden und liegen direkt in der Nähe von Hindernissen sowie in der Schusslinie von Steinen und anderen Dingen, die vom Vorderrad hochgeschleudert werden. Lange Stiefelschäfte sind Pflicht – und besonders die empfindlichen Knöchel und Schienbeine sollten dabei mit Protektoren geschützt sein. Trialstiefel mögen reichlich robust aussehen, doch sie bieten keine ausreichende Festigkeit zum Schutz der Fußgelenke. Die Sohlen von Motocrossstiefeln bieten oft keinen guten Grip, da sie meistens sehr glatt und ohne Absatz ausgeführt sind. Moderne Stiefel bestehen aus zahlreichen unterschiedlichen Materialien, wobei Leder immer weniger verwendet wird.

Der ideale Stiefel für Enduroreisen ist vorn und hinten mit Protektoren ausgerüstet, die sowohl das Schienbein als auch die Achillessehne schützen. Zudem ist er im Bereich der Knöchel mit Gelenken versehen, damit man darin auch bequem laufen kann; gleichzeitig bietet er ausreichenden seitlichen Halt. Eine Verstärkung am Schaft schützt beim Stehen den Spann, und die grobe Sohle ist mit einem deutlich herausgearbeiteten Absatz versehen. Vor dem Kauf sollten verschiedene Stiefel ausprobiert werden, damit man sichergehen kann, das bequemste Paar zu erhalten – Schuhe aus stabilen Materialien werden sich nicht im Laufe der Zeit an die Füße anpassen! Eine im Geschäft noch tolerierbare Enge wird nach einer mehrstündigen Fahrt mit Sicherheit unerträglich. Im Bereich der Knöchelgelenke mag sich der Stiefel noch etwas weiten, doch moderne Synthetikmaterialien sorgen hier für nur sehr geringen Spielraum. Auch muss bedacht werden, dass Stiefel dieses Typs ungeachtet der Herstellerangaben nur selten wasserdicht sind, und erstaunlicherweise braucht einmal eingedrungenes Wasser ewig, bis es wieder herausgetrocknet ist. Goretex-Innenschuhe sind überraschend wirksam, wenn es um trockene Füße geht, ihr gegenüber normalen Socken etwas größerer Platzbedarf muss vor dem Kauf der Stiefel jedoch berücksichtigt werden.

Handschuhe

Die Auswahl an Handschuhen ist riesig – und leider gibt es keinen Universalhandschuh, der allen passt. Natürlich hängt die Entscheidung für einen Handschuh von der Umgebung ab, in der gefahren werden soll – bei einer Wüstenquerung werden keine wasserdichten Winterhandschuhe benötigt, wogegen auf einer spätsommerlichen Alpentour die dünnen Ziegenlederhandschuhe vielleicht nicht ganz ausreichen. Die Reiseplanung sollte bei der Handschuhauswahl bereits gute Hinweise geben. Auf jeden Fall müssen Handschuhe ein Minimum an Knöchel- und Fingerschutz bieten. Gepolsterte Handballen schützen vor Ermüdung und Blutergüssen, wie sie nach langen Fahrten auf Rüttelstrecken oder Buckelpisten auftreten können. Motocross- oder Endurohandschuhe bieten guten Schutz, der nicht auf Kosten des Komforts und der Flexibilität gehen darf. Sie bestehen im Allgemeinen aus unterschiedlichen Materialien – Leder für die Atmungsfähigkeit und Haltbarkeit an den Handflächen, elastische Textilien für die Dehnbarkeit und den Komfort sowie Gummi- oder Kunststoffeinsätze für den Schutz der Knöchel. Wer zusätzlichen Schutz gegen Kälte benötigt, sollte sich Innenhandschuhe aus Seide besorgen, die sich bequem in der Jackentasche transportieren lassen.

← Ein gutes Paar Stiefel ist unersetzlich.
📷 Waldo van der Waal

← Leichte Motocrosshandschuhe erlauben ein feines Gefühl am Gas- und Bremsgriff.
📷 Robert Wicks

↑ Im BMW-Enduropark Hechlingen können angehende Weltreisende praktische Offroad-Erfahrungen machen.
📷 BMW Motorrad

Trainingszentren

Es gibt zum Verbessern der Offroad-Fahrkenntnisse keine bessere Möglichkeit als das Fahren abseits von Straßen. Für Enduroanfänger und auch erfahrene Weltreisende, die mehr lernen wollen, liegt der perfekte Startpunkt allerdings in einem Endurotrainingszentrum.

Eine schnelle Online-Suche oder ein Blick in den Anzeigenteil eines guten Offroad-Magazins bietet eine schnelle Übersicht auf das Angebot an Übungsmöglichkeiten. Hierbei muss man sichergehen, dass auch das Richtige ausgewählt wird und man im Idealfall auch mit dem eigenen Motorrad oder wenigstens einer ähnlichen Maschine fahren kann.

In den meisten Trainingszentren werden ein- bis zweitägige Kurse auf dem vorhandenen Übungsgelände angeboten. Falls man beim Training noch nicht die gesamte Fahrerausrüstung zusammenhat, kann man sie oft gegen eine geringe Gebühr leihen (oder der Beitrag ist in der Kursgebühr bereits enthalten). Allerdings ist es immer besser, seine eigene Ausrüstung zu benutzen. Die meisten Offroad-Schulen werden von Privatleuten geleitet, doch in jüngster Zeit haben auch einige Motorradhersteller eigene Trainingszentren eröffnet. Eine dieser Schulen ist der BMW-Offroad Skills Course in Wales, wo professionelle Instruktoren die Grundkenntnisse des Geländefahrens vermitteln, damit die Teilnehmer ihr Selbstvertrauen erhöhen, die Maschinenbeherrschung verbessern und gleichzeitig ihr Fahrkönnen optimieren können. Geleitet vom siebenmaligen Rallye-Dakar-Teilnehmer Simon Pavey, richtet sich die Schule an alle Fähigkeitsstufen – vom Neuling bis zum Experten. »Wir wollen sowohl dem Novizen als auch dem Fortgeschrittenen das gesamte Trainingsspektrum bieten, und auf unserem einzigartigen Trainingsgelände können Motorradfahrer alle Erfahrungen machen, die ihnen auch bei Abenteuern in der wirklichen Welt begegnen können«, sagt Pavey. Zentrale Punkte dabei sind:

Ein Motorrad in heiklen Situationen aufheben, ausbalancieren und manövrieren zu können – Dies ist je nach zu bereisendem Terrain besonders wichtig.

Manövrieren im Schritttempo – Lebenswichtig beim Durchqueren gefährlicher felsiger Gebiete und auch nützlich beim Durchqueren einer geschäftigen Stadt.

Balance – Die Beherrschung des beladenen Motorrades im zu erwartenden Terrain und in schwierigen Gebieten.

Bedienung des Gasgriffs und der Kupplung – Im Gelände genauso wichtig wie auf der Straße. Eine saubere Gasgriff- und Kupplungsbeherrschung macht den großen Unterschied aus, wie sich das Motorrad benimmt und wie man in schwierigen Situationen zurechtkommt.

Verbesserte Bremsfähigkeit – Gefahren auf der Strecke treten öfter auf, je weiter man sich von bewohnten Gebieten entfernt. Und die Fähigkeit, im Gelände ein Motorrad auf kontrollierte Weise hart zusammenbremsen zu können, ist eine wahre Kunst.

Anstiege und Abhänge – Steile Pfade können zunächst bedrohlich wirken, doch selbstsicher damit zurechtzukommen, ist eine wichtige Fähigkeit, die man besonders in unbekanntem Gelände beherrschen sollte.

Mehr Informationen im Internet unter:
www.offroadskills.com.

↓ Instruktor und Schüler auf dem Off Road Skills Course in Wales
📷 Robert Wicks

↑ Eine großartige Methode zum Erlernen des Fahrverhaltens in Furchen
📷 BMW Motorrad

Training in den USA

Bei RawHyde-Adventures, dem ersten Enduroreisen-Trainingszentrum der USA, wird den Teilnehmern eine umfassende Geländeerfahrung geboten, bei der man lernt, sein Motorrad unter anspruchsvollen Bedingungen zu fahren; zudem kann man mehrere Tage den Lebensstil bei einer Abenteuerreise erleben. Der Gründer und Leiter Jim Hyde sagt: »Es ist ganz einfach – um das Gewicht einer großen Reiseenduro gut beherrschen zu können, müssen wir mit der Maschine tatsächlich zusammenarbeiten. Dies unterscheidet sich stark von dem, was uns auf Asphalt oder auch beim Motocross beigebracht wird.« In seiner Schule in Kalifornien konzentriert sich Jim auf sechs wichtige Bereiche, die jeden Offroad-Ausflug zum Genuss und Lust auf Abenteuer machen.

Balance – Es ist eine lustige Sache, dass viele Leute als Kind das Radfahren erlernen, indem sie neben dem Rad herlaufen und aufspringen. Diese Technik nutzt den Schwung, um das Fahrrad auszubalancieren. Viele Motorradfahrer denken daher, dass Schwung der Schlüssel zum guten Fahren ist, doch während man damit auf der Straße noch gut zurechtkommt, funktioniert es im Gelände nicht mehr. Reines Ausbalancieren ist der wichtigste Aspekt, um ein schweres Motorrad im Gelände handhaben zu können. Die meisten Leute denken niemals darüber nach, weil sie gelernt haben, dass Schwung hilft, ein Motorrad aufrecht zu halten. »Unglücklicherweise kann man im Gelände nicht immer schnell genug bleiben, dass der Schwung ausreicht. Daher ist es wichtiger, die Maschine mehr mit ›Technik‹ auszubalancieren als mit Schwung«, sagt Jim.

Langsamer fahren – »Du fährst nicht die Rallye Dakar, und unabhängig von dem, was du deinem Motorrad zutraust, wird sein Gewicht dich in der nächsten Furche oder Rinne zu Boden reißen. Schwere Maschinen lassen sich nicht schnell stoppen, und das Gewicht wird schmerzen, wenn man es nicht schafft, vor einem Hindernis anzuhalten. Du musst dein Motorrad im Gelände genauso fahren wie einen Jeep – langsam und kontrolliert«, fasst er zusammen.

Stehend fahren – Viele Fahrer stehen im unebenen Terrain sehr unbehaglich auf den Rasten. »Versuche es. Du wirst überrascht sein, wie natürlich es dir bereits nach einer kurzen Eingewöhnung erscheint«, sagt Jim. Das liegt daran, dass unsere Füße üblicherweise für das Ausbalancieren zuständig sind, daher lässt sich auch ein Motorrad leichter im Stehen als im Sitzen aufrecht halten. Ein Motorrad springt im Gelände hin und her, und Stehen lässt uns die Position auf der Maschine wesentlich schneller verändern, um sie auszubalancieren.

Locker und entspannt bleiben – Der Schlüssel zur Beherrschung einer Reiseenduro ist der Einsatz des Körpergewichts; so macht das Motorrad das, was man von ihm will, und nicht umgekehrt. Wenn man steif und verkrampft ist, kann man nicht auf Bewegungen des Motorrades reagieren. Das Körpergewicht muss dann zum Maschinengewicht hinzugerechnet werden, und wenn irgendetwas passiert, dauert es zu lange, bis man gegensteuern kann. Indem man locker bleibt (und auf den Rasten steht), kann man das Motorrad unter sich bewegen lassen und nötigenfalls den Körper einsetzen.

➔ Jim Hyde sagt: »Es kommt nur auf die Technik an«.
📷 Rawhyde

Feiner Einsatz von Gas, Kupplung und Bremsen – Diese drei Teile sind die zentralen Punkte, und man muss sie benutzen wie niemals zuvor. »Kannst du langsamer fahren, als der erste Gang erlaubt, indem du die Kupplung schleifen lässt? Kannst du es mit nur wenig Gas tun, ohne dabei den Motor abzuwürgen? Kannst du behutsam bis zum Stillstand der Bremsen die Maschine ausbalancieren, ohne die Füße abzusetzen, und dann wieder anfahren?«, fragt Jim. Wenn du im Gelände langsam fahren musst, ist perfekte Beherrschung extrem wichtig.

Die eigenen Grenzen kennen – Jeder kommt aufgrund seiner Größe, Kraft und Erfahrung irgendwann an seine Grenzen. »Sei ehrlich zu dir selbst«, sagt Jim. Enduroreisen bringt dich an Orte, wo die Straßen schlecht sind, Krankenhäuser spärlich und Geld knapp ist. »Geh kein Risiko ein. Lerne, was ihr – du und dein Motorrad – als Team leisten könnt, und bleibe bei dem, was dir angenehm ist.« Weise Worte, die man sich merken sollte.

Mehr Informationen über RawHyde Adventures im Internet unter: www.rawhyde-offroad.com.

Vieles von dem, was man in einem Trainingszentrum lernt, wird in diesem Buch wiedergegeben, doch nichts ist so gut, wie mit seinem Motorrad neue Fähigkeiten zu erlernen und seinen Fahrstil zu verbessern.

↑ Erst wenn der Kurs beendet ist, kann man versuchen, es mit dem Instruktor aufzunehmen.
📷 BMW Motorrad

← Übungen in der Gruppe können helfen, das Selbstvertrauen zu steigern.
📷 BMW Motorrad

Die richtige Position

📷 KTM

Wir mussten alle zuerst Fahrradfahren lernen, um die Fähigkeit zu erlangen, ein Einspurfahrzeug auszubalancieren. Dieses Balancegefühl ist uns weitgehend in Fleisch und Blut übergegangen und wir sehen es – besonders bei Straßenmotorrädern – als selbstverständlich an. Das Fahren eines Offroad-Motorrades erfordert jedoch einen hohen Anteil an körperlicher und geistiger Koordination – ob bewusst oder unbewusst. Statt glattem und berechenbarem Asphalt sind wir einem lockeren Untergrund, tiefen Furchen, steilen Anstiegen und auf uns herabfallenden Steinen ausgesetzt – um nur einige Herausforderungen zu erwähnen.
Jim Hyde zählt die sechs häufigsten Fehler von Straßenfahrern bei ihrem ersten Geländeausflug auf:

- Übertreten der fahrerischen Grenzen, nicht zu wissen, wie man langsam fährt, und zu schnell für die Situation zu sein.
- Zu steif und verkrampft auf dem Motorrad zu sitzen.
- Den Unterschied zwischen dem Fahren im Stehen und im Sitzen nicht richtig begriffen zu haben.
- Fixieren eines speziellen Ziels.
- Eine natürliche Tendenz, Dinge zu meiden, die einen nervös machen.
- Das Vorderrad blockieren und nicht wissen, was zu tun ist.

Dies sind alles typische Fehler, denen man mit einem neuen Gleichgewichtssinn begegnen kann. Es mag einem zu Anfang nicht natürlich vorkommen, und es erfordert, sich bewusst zu bemühen, daran zu denken und zu planen, was getan werden muss. Beschleunigung, Verzögerung und Schwung sind Kräfte, die ständig bewältigt werden müssen, um das Gleichgewicht zu halten und im Gelände von A nach B zu kommen. Wenn es richtig gemacht wird, sorgt das Gefühl der Einheit mit dem Motorrad für absolute Freude. Wenn man es falsch macht, können die Konsequenzen mehr sein als ein nur ein peinlicher Umfaller auf dem Parkplatz. Mit etwas Übung wird jedoch die Resonanz auf das, was das Motorrad braucht, um im Gleichgewicht zu bleiben, zu einer eher instinktiven Reaktion. In diesem Kapitel erklären wir einige der während der Fahrt wirkenden Kräfte und ihre Auswirkungen.

Balance und Schwerpunkt	36
Grundpositionen	40
Fahren zu zweit	47

↑ Unbeladen ist das Motorrad in einem perfekten Gleichgewicht (CoG = Center of Gravidity/Schwerpunkt).
📷 BMW Motorrad

Balance und Schwerpunkt

Der Schwerpunkt eines Objektes ist derjenige Punkt, an dem alle Kräfte gleich wirken – oder mit anderen Worten der Punkt, um den herum das Objekt in einem Gleichgewicht oder der Balance gehalten wird. Man kann sich dies einfach durch einen Würfel mit diagonal durch die gegenüberliegenden Ecken verlaufenden Linien vorstellen. Derjenige Punkt, an dem sich diese Linien innerhalb des Würfels treffen, ist der Schwerpunkt. Würde man den Würfel an diesem Punkt aufhängen, hinge er in perfekter Balance; würde man den Aufhängungspunkt aber innerhalb des Würfels verschieben, ginge die Balance verloren und der Würfel würde schief hängen.

In seinem Offroad-Lehrbuch bemerkt der Neuseeländer Nick Reader: »Du hast einen imaginären Punkt in deinem Körper, um den herum dein Gewicht gleichmäßig verteilt ist – dies wird in der Nähe deines Magens sein. Dein Motorrad hat einen ähnlichen Punkt, der irgendwo hinter dem Motor liegt. Ein Motorrad zu beherrschen, hat eine Menge damit zu tun, wo sich diese beiden Schwerpunkte befinden. Je näher der Fahrer seinen Schwerpunkt demjenigen des Motorrades annähern kann, desto stabiler, kontrollierter und ausbalancierter wird er sein.« Ein besonders bei Geländefahrern auftretender Fehler liegt darin, dass sie zu weit hinten auf ihren Maschinen sitzen. Dies bedeutet, dass ihr Schwerpunkt – und ihr Gewicht – hinten auf dem Motorrad liegt und damit die Hinterradfederung sowie die Unterarme und die Rückenmuskeln überlastet werden.

Idealerweise würde der Schwerpunkt eines Motorrades mittig zwischen den Achsen liegen, sodass eine Lastverteilung von 50 zu 50 auf den Rädern erreicht ist. In der Wirklichkeit ist es selten so exakt, und im Fall einer KTM 640 liegen 46 % der Last auf dem Vorderrad und 54 % auf dem Hinterrad. Belädt man nun das Heck mit 30 kg Gepäck, ändern sich die Werte dramatisch auf 39 % vorn und 61 % hinten – und dies hat eine deutliche Wirkung darauf, wie sich das Motorrad auf unterschiedlichen Untergründen handhaben lässt. Auch die Höhe des Schwerpunktes hat eine spürbare Auswirkung auf das Fahrverhalten. Leicht vorstellbar wird dies bei einem Besenstiel mit einem verschiebbaren Gewicht daran. Mit dem Gewicht auf einer Seite des Stiels ist es leicht, diesen an der anderen Seite anzuheben, da der Stiel als Hebel fungiert. Verschiebt man das Gewicht aber den Stiel hinauf, wird die Hebelwirkung geringer und zum Heben wird mehr Kraft benötigt.

Ein Motorrad mit einem niedrigen Schwerpunkt wird sich bei niedrigen Geschwindigkeiten sehr stabil und handlich anfühlen sowie sich leicht aufheben lassen. Eine Maschine mit einem hohen Schwerpunkt wird sich bei geringem Tempo »kopflastig« anfühlen, und die zusätzliche Kraft, die zum Aufheben benötigt wird, kann daraus eine echte Aufgabe machen.

↑ Durch die Beladung ändert sich die Position des Schwerpunktes dramatisch.

📷 BMW Motorrad

Bei einem fahrenden Motorrad werden die Dinge jedoch etwas dynamischer. Der Fahrer wird zu einem aktiven Teil der Gleichgewichtgleichung, und sein Einsatz hat eine deutliche Wirkung darauf, wie das Motorrad reagiert und seine Position ändert. Verlagert man sein Körpergewicht zu einer Seite der Maschine, verschiebt sich der Schwerpunkt in diese Richtung und erhöht die Abwärtskraft an dieser Seite. Ebenso verstärkt das Verlagern des Gewichts nach vorn die auf das Vorderrad wirkende Kraft – nach hinten wird entsprechend die Abwärtskraft auf das Hinterrad erhöht. Wir werden an anderer Stelle erklären, wie man diese Kräfte für sich arbeiten lassen kann, doch diese geschickten Verlagerungen der Sitzposition können sich bereits positiv auf die Stabilität, die Rückmeldung und das gesamte Fahrverhalten des Motorrades auswirken.

Die Wissenschaft der Motorraddynamik ist äußerst komplex und schließt Punkte wie die Zentrifugalkraft, die Kreiselpräzession und den Drehimpuls ein, um nur drei zu nennen. Glücklicherweise brauchen wir hier nur einen kurzen Blick auf einige uns bekannte Kräfte zu richten – darunter Beschleunigung und Verzögerung – und sehen, wie sie bei der Fahrt im Gelände um den Schwerpunkt herum wirken. Das wirklich komplizierte Zeug überlassen wir besser den Physikern.

Beschleunigung spüren wir als eine beim Erhöhen des Tempos auf uns wirkende Kraft, die uns nach hinten drückt. Diese nach hinten wirkende Kraft sorgt auch für eine Gewichtsverlagerung zum Hinterrad – dies lässt sich am einfedernden Heck und der ausfedernden Gabel erkennen. Bei einem starken Motorrad das Gas aufzureißen, kann zu einer solch starken Gewichtsverlagerung führen, dass das Vorderrad komplett abhebt und wir mit einem »Wheelie« losfahren (oder uns überschlagen). Den umgekehrten Prozess der Verzögerung erzeugen wir mit den Bremsen. Durch das Betätigen einer Bremse wird das Gewicht nach vorn verlagert und die Gabel taucht ein. Durch zu heftiges Bremsen kann die Gewichtsverlagerung so stark werden, dass das Hinterrad abhebt und wir einen »Stoppie« erzeugen (oder wir uns wieder überschlagen).

Der Schwerpunkt des Motorrades ist in diesen Situationen sehr wichtig. Liegt er weit vorn, wird das Hinterrad beim Bremsen leicht abheben; liegt er weit hinten, wird das Vorderrad beim Beschleunigen den Bodenkontakt verlieren. Der Fahrer kann dies kompensieren, indem er sein Gewicht verlagert – sich beispielsweise beim Bremsen nach hinten setzt, so den Gesamtschwerpunkt nach hinten verlagert und hilft, das Motorrad zu stabilisieren. Beim Beschleunigen den Körper nach vorn zu verlagern, bringt auch den Gesamtschwerpunkt nach vorn und hindert das Vorderrad am Abheben.

Mit dem Fahrer an Bord ist der Schwerpunkt kein statischer Punkt mehr. Wenn das Gewicht des Fahrers auf die

Beschleunigung
Gewicht nach vorn verlagern

Fußrasten eine Abwärtskraft ausübt, neigt das Motorrad dazu, um diesen Punkt herumzuschwenken. Durch Bewegungen auf dem Motorrad – sitzend oder stehend – kann der Fahrer den Schwerpunkt verschieben und so dem Motorrad in verschiedenen Situationen helfen.

Ein extremes Beispiel ist ein steiler Anstieg. Mit der am Hinterrad wirkenden Antriebskraft bildet die Hinterachse den Drehpunkt. Würde der Fahrer sein Gewicht nach hinten verlagern, verschöbe sich auch der Schwerpunkt nach hinten, sodass die Abwärtskraft am Vorderrad abnimmt. Wird nun Motorleistung freigesetzt, um den Anstieg zu bewältigen, kann das Vorderrad abheben, was im besten Fall das Lenken unmöglich macht – und im schlimmsten Fall für einen Überschlag nach hinten sorgt. Um dies zu verhindern, muss sich der Fahrer nach vorn lehnen und den Schwerpunkt in Richtung Vorderrad verschieben, um die Abwärtskräfte darauf zu verstärken und seine Abhebneigung zu verringern. Bei festem Bodenkontakt behält

Bremsen
Gewicht nach hinten verlagern

Kurvenfahren
Die äußere Fußraste belasten

Anstiege
Gewicht nach vorn verlagern

Abfahrten
Gewicht nach hinten verlagern

die Maschine ihre Lenkfähigkeit, und die Fahrt nach oben kann fortgesetzt werden. Hierbei muss jedoch eine feine Ausbalancierung geleistet werden, denn zu wenig Gewicht auf dem Hinterrad kann beim Anstieg zu Traktionsverlusten führen.

Drehen wir die Situation um und schauen uns eine steile Abfahrt an: Bergab und beim Bremsen mit dem Vorderrad ist die Vorderachse der Drehpunkt. Das Fahrergewicht muss nun nach hinten verlagert werden, um den Schwerpunkt möglichst weit nach hinten zu verschieben und mithilfe der verstärkten Abwärtskräfte das Hinterrad am Abheben zu hindern. Das Erhöhen der Abwärtskräfte auf das Hinterrad hilft auch, den Abstieg durch erhöhte Hinterradtraktion und den Einsatz der Hinterradbremse zu erleichtern. Hierbei wird sowohl die Richtungsstabilität verbessert als auch das Vorderrad entlastet, was wiederum das Ansprechverhalten beim Lenken verbessert und das Risiko eines wegrutschenden Rades verkleinert.

Drift Gas und Lenkung ausbalancieren und Körpergewicht leicht nach vorn verlagern

→ In kniffeligen Situationen wie dieser sollte im Stehen gefahren werden.
📷 BMW Motorrad

↓ Sitzend sollte man in einer neutralen Position fahren. Aber man muss immer bereit sein, sich der Situation entsprechend bewegen zu können.
📷 Thorvaldur Orn Kristmundsson

Grundpositionen

Es gibt zwei grundsätzliche Fahrpositionen – sitzend und stehend. Allerdings kann es schwierig sein, die richtige Position für die jeweilige Situation zu finden. Dies ist eine Frage, über die sich Enduroreiseneulinge früher oder später den Kopf zerbrechen werden. Der Neuling wird unweigerlich sitzen bleiben, sobald es ins Gelände geht, und sich nur gelegentlich in die Rasten stellen, um sich zu strecken oder die Aussicht zu genießen. Tatsächlich ist daran nichts falsch, doch man sollte wissen, wie die Grundpositionen wirksam eingesetzt werden können.

Jim Hyde meint dazu: »Locker auf dem Motorrad zu stehen, ist ein nur schwer verständliches Konzept, solange man nicht genügend Praxis hat. Doch es ist eine Tatsache, dass ein Motorrad auf lockerem Untergrund dazu neigt, um einen herumzutanzen. Dies kann entnervend sein, denn der Lenker bewegt sich von einer Seite zur anderen, während die Räder über Buckel und durch Furchen springen. Das ist ein natürlicher Teil des Offroad-Fahrens, und wenn du gestresst oder angespannt bist, wirst du versuchen, jede Bewegung auszugleichen – und dadurch dafür sorgen, dass du noch schneller herunterfällst.«

Durch eine lockere und beständige »Führungshand« am Lenker und das Halten des Tanks mit den Knien in einer stehenden Position kann sich das Motorrad unter einem vor- und zurückschieben. »Du wirst rasch sehen, dass du nicht jeden Wackler der Maschine ausgleichen musst – du wirst entspannt, und das Motorrad wird dadurch sogar noch stabiler«, sagt Jim. Den Lenker fest in den Händen zu halten – egal, ob stehend oder sitzend –, hindert das Motorrad am Tanzen, macht dich instabil und lässt dich rasch ermüden.

Letztendlich liegt der Schlüssel zu einer komfortablen und souveränen Fahrweise darin, eine flexible und neutrale Position oder Haltung auf dem Motorrad zu haben. So spart man Energie und behält dennoch die maximale Kontrolle über die Maschine. Dies ist üblicherweise die stehende oder »Angriffs«-Position, auf leichten Abschnitten einfach sitzen zu bleiben, ist ebenfalls erlaubt. Einen Blick auf diese Fahrstile zu werfen, legt offen, wie unterschiedlich sie sind, illustriert aber auch präzise, wie sie die essenziellen und fortgeschrittenen Fähigkeiten untermauern, die in den folgenden Kapiteln beschrieben werden.

Sitzend fahren

Betrachten wir einmal die sitzende Position. In dieser Situation bist du eins mit dem Motorrad und durch das Dreieck aus Becken, Schultern und Händen gesichert. Es ist die natürlichste Position und wahrscheinlich auch die dir vertrauteste, wenn du es gewohnt bist, ein Straßenmotorrad zu fahren. Die sitzende Position ist die beste für leichte Fahrbedingungen. Sie erlaubt einem, auszuruhen und die Landschaft zu genießen – wissend, dass die Straße vor einem frei von Hindernissen ist.

Technisch betrachtet, muss der Körper zunächst so zentral wie möglich positioniert werden. Dann ist man in der Lage, das Motorrad zu fühlen und kann anfangen, seine Position (und sein Körpergewicht) nach vorn oder hinten zu verlagern, um sich an die Situation anzupassen. Dabei muss der Kopf in der Mitte der Längsachse und die Ellbogen zur Stabilisierung nach oben gehalten werden.

Im Sitzen wird das Körpergewicht über die Sitzbank auf das Motorrad übertragen, und ebenso wird die Bewegung des Motorrades über die Sitzbank auf den Fahrer transferiert. Dies ist so lange in Ordnung, wie man auf einer akzeptablen Piste fährt – die Federung erledigt ihren Job und isoliert einen von den Unebenheiten der Fahrbahn, solange sie nicht zu groß werden. Sobald die Dinge allerdings zu rau werden, fühlt man die Schläge und Wellen durchdringen. Solange man über den Hintern mit dem Motorrad verbunden ist, können diese Kräfte durch das Motorrad auf den Körper übertragen werden. All das Gerüttel kann sehr unbequem werden und wird unweigerlich die Konzentration vom Fahren ablenken. Spätestens an diesem Punkt sollte man darüber nachdenken aufzustehen.

Es gibt Zeiten, in denen Sitzen auf dem Motorrad eine positive Wirkung haben kann – beispielsweise bei Fahrten über zweifelhaftes Gelände wie schlammige Furchen oder über unberechenbare Oberflächen wie Schnee. Die Füße nach unten zu halten oder zu »paddeln«, kann manchmal einen erhöhten Sinn für Stabilität bringen und helfen, das Motorrad aufrecht zu halten, was wiederum erlaubt, besser in Schwung zu bleiben. Hierbei ist es wichtig, sich darüber bewusst zu sein, wohin die Füße platziert werden, und sicherzugehen, dass sie nicht mit Hindernissen in Berührung kommen.

Insgesamt ist es wichtig, beim Sitzen flexibel zu bleiben, leicht nach vorn gebeugt zu fahren und die Ellbogen ange-

➔ **Ebene Abschnitte im Sitzen zu durchfahren, sorgt dafür, dass man Energie für schwierigere Sequenzen sammeln kann.**
📷 Robert Wicks

winkelt zu halten. Diese Position bietet maximale Kontrolle über die Lenkung, während man sich mit dem Motorrad über schwieriges Gelände bewegt.

Stehend fahren

Ein Motorrad stehend zu fahren, mag zunächst etwas unnatürlich erscheinen. Für einen Offroad-Neuling ist die Sitzbank eines Motorrades ein stabiler und sicherer Platz, doch paradoxerweise kann der Sinn für Stabilität und Sicherheit durch das Stehen auf den Fußrasten erhöht werden. Flexibilität und Neutralität sind bereits mehrfach erwähnt worden, und besonders beim Fahren auf welligen Untergründen sind diese Eigenschaften besonders vorteilhaft. Stehend hat man einen wesentlich besseren Blick voraus und mehr Zeit, auf besondere Situationen zu reagieren. Doch das Fahren im Stehen hat noch viel größere Vorteile.

Im vorangegangenen Kapitel haben wir die Beziehung zwischen Schultern, Becken und Händen erwähnt. Im Stehen ist dieses Dreieck jedoch unterbrochen, sodass der Fahrer sich um das Motorrad herumbewegen und – genauso wichtig – das Motorrad unter sich bewegen lassen kann. Diese zusätzliche Freiheit bringt Flexibilität und die Fähigkeit, den Schwerpunkt je nach Bedarf zu verschieben. Diesen Punkt verändern zu können, steht an erster Stelle, wenn es darum geht, die Räder entsprechend der gegebenen Situation, dem Terrain oder der Position des Motorrades zu belasten. Einfaches Stehen auf den Rasten ist der erste Schritt, um überhaupt in der Lage zu sein, diese »dynamische Kraft« zum eigenen Vorteil zu nutzen.

Aufzustehen bietet die beste Kontrolle über das Motorrad und erlaubt einem, auf das Motorrad zu reagieren, statt sich nach ihm richten zu müssen, wie es oft im Sitzen der Fall ist. Das Verlagern des Körpergewichts ist wesentlich einfacher im Stehen möglich als im Sitzen.

In der Grundstehposition ist das Fahrergewicht gleichmäßig auf beide Fußrasten verteilt. Bei den Rasten und Füßen kann man an ein Kugelgelenk denken, während die Hüften wirksam vom Motorrad getrennt sind. Bewegt sich nun das Motorrad, muss der Fahrer es nicht auch tun. Die Knie müssen leicht gebeugt sein; das Gleiche gilt für die Hüfte, um den Lenker greifen zu können. Das leichte Beugen der Knie bringt die Flexibilität und dämpft Stöße ab,

← In der stehenden Position erlaubt der Fahrer dem Motorrad, sich frei unter ihm zu bewegen.
📷 Robert Wicks

■ Sichtfeld – **sitzend**

↑ **Stehen vergrößert dramatisch das Sichtfeld.**
📷 Thorvaldur Orn Kristmundsson

um maximalen Komfort und perfekte Maschinenbeherrschung zu erhalten.

Die Hüfte in eine Position vor die Fußrasten zu bringen, erlaubt es den Beinmuskeln, den Körper beim Beschleunigen im Stehen zu halten. Genauso bedeutet das Verlagern der Hüfte hinter die Rasten beim Bremsen, dass der Oberkörper weniger Mühe hat, die Bremskräfte auszugleichen. Die Ellbogen müssen immer oben gehalten werden, um Kraft und Reaktionsfähigkeit sicherzustellen. Dies erlaubt nicht nur, mehr Muskeln einzusetzen, sondern ermöglicht vor allem auch eine gute Gasgriffkontrolle. Ein oder zwei Finger auf dem Brems- und Kupplungshebel verbessern die Reaktionszeit, während man mit den anderen Fingern den Lenker hält.

In dieser Grundposition kann der Fahrer seine Körperhaltung beibehalten, während sich das Motorrad unter ihm bewegt. Warum dies besonders wichtig ist, werden wir an anderer Stelle detailliert zeigen, doch diese simple Fähigkeit erlaubt es dem Fahrer, die Räder entsprechend den Umständen zu belasten. So benötigen wir beim Beschleunigen zwei grundlegende Dinge: Gleichgewicht und Lenkung. Indem wir stehen und uns nach vorn lehnen, verlagern wir den Schwerpunkt in Richtung Vorderrad, sodass dessen Neigung, sich zu heben, reduziert wird. Gleichzeitig erhöht man das Gewicht auf dem Vorderrad und stellt die Kontrolle über die Lenkung sicher, da der Körper nach vorn geneigt ist und die Arme entspannt sind.

Beim Bremsen ist es andersherum. Beim Betätigen der Bremsen wird viel Gewicht auf das Vorderrad verlagert. Um das Gleichgewicht zu halten, muss man darauf achten, seine Hüfte und damit den Schwerpunkt nach hinten zu verlagern und so das Vorderrad zu entlasten. Da gene-

■ Sichtfeld – **stehend**

rell nur geradeaus stark gebremst wird, ist es ziemlich sicher, die Arme gerade zu halten und sich so gegen den Lenker abzustützen. Dies hilft dem Motorrad, sich zu stabilisieren, da mehr Gewicht auf dem Hinterrad liegt und das Risiko eines wegrutschenden Vorderrades reduziert wird.

Stehen ist auch bei Anstiegen und Gefällen die beste Position. Einen Berg stehend anzugehen, lässt die Front der Maschine ansteigen, während der Fahrer in einer eher senkrechten Position stehen bleibt und auf den Rasten nach vorn schwenkt. Dies verlagert wirksam den Schwerpunkt nach vorn und erhält das Gleichgewicht durch die Belastung des Vorderrades, das so am Boden bleibt. Das gelenkte und das angetriebene Rad haben so beim Anstieg maximalen Grip. Kehrt man diese Technik um, gelten die gleichen Prinzipien für die Abfahrt. Sobald das Motorrad den Absatz erreicht hat, wird die Hüfte nach hinten bewegt, um den Schwerpunkt über das Hinterrad zu verlagern.

Beim Fahren über lockeren Untergrund hat das Motorrad manchmal die Tendenz zum Flattern. Diese Bewegung entsteht durch den lockeren Boden, der sich unter den Reifen bewegt und eine leichte seitliche Instabilität erzeugt. Dies kann besonders im Sitzen etwas beunruhigend wirken. Durch das Stehen auf den Fußrasten wird die Masse des Fahrers von derjenigen des Motorrades getrennt, sodass dies sich freier bewegen kann, während der Fahrer in einer stabilen und souveränen Position über dem Motorrad verbleibt. Während der Fahrt kann man so eine sanfte Gasgriffkontrolle ausüben, die Position seiner Ellbogen, Knie und der Hüfte kontrollieren sowie einen Sinn für die Eigenbewegungen des Motorrades entwickeln.

→ Im Stehen hat man einen besseren Blick für das, was direkt vor einem los ist.
📷 Robert Wicks

Sitzend
Blick des Fahrers

Stehend
Blick des Fahrers

Übergänge

Der Übergang von der stehenden in die sitzende Position und umgekehrt muss so sanft wie möglich ausgeführt werden. Der Schlüssel liegt hierbei in einer vorausschauenden Beobachtung. Sieht man eine deutliche Veränderung im Untergrund vor sich, wird man wahrscheinlich nicht nur aufstehen, um Unebenheiten besser zu überwinden, sondern auch, um alles besser beobachten zu können. Es ist sinnvoll, etwa 10 bis 15 Sekunden vor dem Hindernis aufzustehen, da man hierdurch genügend Gelegenheit hat, potenzielle Gefahren zu identifizieren und sein Tempo beziehungsweise die Fahrposition anzupassen. Es ist unklug, den Übergang einzuleiten, wenn man gerade durch grobes Gelände oder über Wellen fährt, da das Motorrad hier die größte Stabilität benötigt. Bedenke, dass jeder Übergang eine deutliche Gewichtsverlagerung und eine rasche Änderung des Schwerpunktes zur Folge hat.

Daher muss darauf geachtet werden, dass das Körpergewicht auf dem Motorrad so ausbalanciert wie möglich ist. Um vom Sitzen ins Stehen zu wechseln, werden einfach die Beine gestreckt, bis man mit leicht gebeugten Knien auf dem Motorrad steht. Beim Hinsetzen muss darauf geachtet werden, dass man einen Platz einnimmt, der an die derzeitige Situation angepasst wird. Hierbei muss angestrebt werden, immer einen gleichmäßigen Druck auf die Fußrasten auszuüben, damit kein unnötiges Ungleichgewicht entsteht.

1 Das Hindernis wird in einer stabilen sitzenden Position angegangen.

2 Dann erfolgt ein möglichst sanfter Übergang, …

3 … um eine flexible stehende Angriffsposition einzunehmen.

📷 Robert Wicks

← Fahrer und Beifahrer müssen gut zusammenarbeiten, um die Reise wirklich genießen zu können.
📷 KTM

↓ Kevin und Julia Sanders haben große Teile der Welt zu zweit erlebt.
📷 Globebusters

Fahren zu zweit

Enduroreisen zu zweit sind eine fantastische Möglichkeit, die Reize der Landschaft mit jemandem zu teilen. Doch das Fahren mit einem Beifahrer erfordert einige Überlegungen und ein besonders gutes Verständnis zwischen Fahrer und Passagier, um aus dem Erlebten positive Erfahrungen zu ziehen. Das Fahren mit Passagier erfordert von beiden Teilnehmern einige Betrachtungen. Der Fahrer muss wissen, dass das Gewicht des Beifahrers die Leistungsfähigkeit des Motorrades beeinträchtigt – dies gilt besonders beim Bremsen. Er muss versuchen, die Fahrt so sanft wie möglich zu gestalten und nicht so heftig Gas zu geben und zu bremsen, damit der Passagier sich gut halten kann und nicht ständig die Helme gegeneinanderschlagen.

Der Beifahrer muss versuchen, eine stabile Position auf dem Motorrad zu halten und sollte sich nur oberhalb der Taille bewegen, da Bewegungen in der Hüfte oder im Becken die Maschine aus der Balance bringen und dem Fahrer Schwierigkeiten bereiten können. Der Passagier muss in der Lage sein, sich selbst am Motorrad oder an der Taille des Fahrers halten zu können. Wer sich am Fahrer festhält, muss dies mit leichtem, aber festem Griff tun – und nicht mit einer erdrückenden Umarmung, da diese beide Besatzungsmitglieder daran hindert, sich frei zu bewegen, und alles zu einer steifen und holprigen Fahrt werden lässt. Ein lockerer Griff ermöglicht es dem Beifahrer zu erkennen, wie sich der Fahrer bewegt und auf den Untergrund reagiert, damit er sich mithilfe dieser Hinweise harmonisch mit ihm bewegen kann. Wenn der Untergrund sehr holprig ist, kann der Beifahrer sich leicht aus dem Sitz heben, damit das Motorrad sich frei bewegen kann, ohne dabei die Wirbelsäule zu malträtieren.

Natürlich gibt es zu zweit mehr anspruchsvolle Abschnitte, die sich schwieriger oder gar nicht befahren lassen. In diesen Fällen müssen die Sicherheit und das Wohlergehen der Reisenden Vorrang haben, sodass es vernünftig ist, den Beifahrer zu bitten, abzusteigen und nach dem Hindernis wieder aufzusitzen, statt zusammen mit ihm das Risiko einzugehen, die gesamte Fuhre umzuwerfen. In weniger anstrengenden Abschnitten ist das Fahren mit Beifahrer wesentlich einfacher und kann eine Menge Freude machen.

Terrain

BMW Motorrad

Da typische Enduroreisen im Allgemeinen durch unterschiedliches Terrain führen, ist es wichtig, so viel wie möglich über die verschiedenen Untergründe zu wissen, die einen erwarten. So kann man erahnen, was einen erwartet, und seine Fähigkeiten verfeinern, um ihnen mit Selbstvertrauen entgegenzutreten.

Ungeachtet des Terrains, muss immer beachtet werden, dass der Schlüssel zum Offroad-Fahren darin liegt, den Kopf hochzuhalten und mindestens fünf bis zehn Meter vorauszuschauen. Es müssen ständig Entscheidungen getroffen werden, wohin das Motorrad gelenkt werden soll – und man kann unmöglich die richtige Linie finden, wenn der Blick immer nur auf den Bereich kurz vor dem Vorderrad gerichtet ist.

Jeder Untergrund bringt verschiedene Herausforderungen mit sich, und entsprechend den in diesem Buch gegebenen Prinzipien muss man die völlige Kontrolle über das Motorrad behalten und alle Gelegenheiten nutzen, um das Ermüden zu minimieren. Doch ungeachtet aller Kenntnisse und der besten Techniken, sind manche Geländeformen von Natur aus sehr anstrengend. Dies muss ständig berücksichtigt werden.

Ob man nun viel Zeit auf offenen Schotterpisten, beim Durchqueren von Flüssen oder auf steilen Gebirgspfaden verbringt – jeder Untergrund erfordert spezielle Kenntnisse. In diesem Kapitel werden wir alle Geländeformen detailliert betrachten und erklären, was während einer Enduroreise zu erwarten ist.

Schotter	50
Sand	52
Dünen	54
Felsen	56
Schlamm	58
Flüsse	60
Straßen	64
Biking Vikings – Island als ultimatives Abenteuerziel	70

⬇ **Fahre auf Schotter immer im Rahmen der eigenen Grenzen.**
📷 Touratech

Wahrscheinlich wird ein großer Teil der Reise über Schotterpisten gehen, auf denen der Blick immer weit genug nach vorn gerichtet sein muss. Beginnt der Schotter hinter einer Kurve, besteht besonders bei höherer Geschwindigkeit die Gefahr, dass das Vorderrad beim Übergang auf den lockeren Untergrund wegrutscht.

Es sollte immer derjenige Teil der Piste benutzt werden, auf dem sich weniger Steine und scharfe Kanten befinden. Die Grundregel lautet: Schau voraus! So können alle schlechten Stellen erkannt werden, bevor man tatsächlich auf sie trifft, und man kann sich den Weg aussuchen, der die beste Traktion bietet. Der Motor muss beständig unter Last gehalten werden und nötigenfalls muss stehend gefahren werden. Falls sich Autospuren finden, kann es sich lohnen, darin zu fahren, da der Schotter darin besser komprimiert ist.

Konzentriere dich auf die Haltung – sie muss stabil, aber nicht steif, und ausbalanciert, aber nicht unnachgiebig sein. Versuche, die Wirkung des lockeren Untergrundes auf die Handhabung des Motorrades zu erfühlen. Wer noch nie auf Schotter gefahren ist, sollte für zusätzliche Stabilität den Tank zwischen den Knien einklemmen und gelegentlich die Füße knapp über der Fahrbahn gleiten lassen. Diese Technik sorgt für etwas mehr Zuversicht, doch darf man nie die Füße über unebene Oberflächen schleifen lassen, da man mit dem Stiefel gegen einen Stein oder eine Wurzel schlagen und sich ernsthaft verletzen kann. Mit zunehmendem Selbstvertrauen sollte versucht werden, im Stehen zu fahren. Dadurch verlagert man sein Körpergewicht auf die Fußrasten, was der Balance definitiv zugute kommt.

Der Lenker muss locker, aber bestimmt geführt werden, die Arme sollten dabei locker und flexibel bleiben. Obwohl

50

Schotter

1

es sich zunächst seltsam anhört, muss das Vorderrad einen gewissen Freiraum zum Bewegen haben – nicht zu viel, aber etwas. Denn wenn man es ihm nicht einräumt, wird das Rad besonders auf lockerem Untergrund irgendwann ausbrechen.

Routinierte Fahrer sind auf Schotter gerne schnell unterwegs, doch Anfänger und weniger geübte Geländefahrer sollten lieber ein moderates Tempo halten, bei dem sie bequem und stressfrei unterwegs sind.

Wenn man auf ein unebenes Stück Schotter trifft, ist dies ein Hinweis darauf, langsamer werden zu müssen. Auf diese Weise hat man Platz, durch den schlechten Abschnitt sanft hindurchbeschleunigen zu können, ohne dabei zu schnell zu werden. Stellt man fest, dass sich das Motorrad etwas umherbewegt, hilft leichtes Beschleunigen, um es wieder zu stabilisieren. Wird der Untergrund anspruchsvoller, müssen die Fußrasten stärker belastet werden, damit sich das Motorrad auf dem unebenen Terrain frei unter einem bewegen kann. Hierbei muss die Maschine leicht mit etwas gebeugten Knien gehalten werden und der Oberkörper frei beweglich sein.

Nervöses Bremsen auf Schotter kann leicht zu einem Sturz führen, sodass die Vorderradbremse nur mit Vorsicht eingesetzt werden darf – tatsächlich sollte nur gebremst werden, wenn es unbedingt nötig ist. Dann sollte sanftes Bremsen ausreichen, da man ansonsten wahrscheinlich zu schnell ist. Scharfes Bremsen oder plötzliches Schließen des Gasgriffs sorgen nur dafür, dass das Vorderrad noch mehr Traktion verliert.

© Yamaha

Sand

Auf Sand zu fahren, kann oft sehr unangenehm sein – hauptsächlich aufgrund einer fehlenden Vorderradtraktion. Die Lenkung der Maschine fühlt sich »lose« an und scheint fast selbstständig zu arbeiten. Fahren im Sand kann bei der falschen Fahrtechnik auch sehr ermüdend sein. Es kann sehr schnell viel Kraft kosten und zu einem Mangel an Maschinenbeherrschung führen.

Der wichtigste Freund im Sand ist der Schwung. Indem man das Motorrad in Bewegung hält, macht man wirksam (und wortwörtlich) Fortschritte, kann Energie sparen und die nötige Kontrolle behalten.

Sich beim Übergang von einer harten Oberfläche auf eine Sandpiste unverzüglich hinzusetzen, ist eine natürliche Neigung, weil sich das Motorrad so besser anfühlt und man sich weniger unangenehm fühlt. Eine andere fast natürliche Reaktion ist das Schließen des Gasgriffs, sobald das Vorderrad schwammig wird – doch hierdurch wird es nur schlimmer. Halte das Gas offen und verschiebe die Hüften nach hinten, um das Vorderrad aus dem weichen Sand zu heben, die Maschine vorwärtszutreiben und die Kontrolle über die gewünschte Fahrtrichtung zu behalten.

Wer schon vorher weiß, dass die Reise meilenweit durch tiefen Wüstensand oder über den Strand gehen wird, sollte sich entsprechend vorbereiten. Zunächst muss der Reifendruck deutlich abgesenkt werden, während man sich gleichzeitig darüber im Klaren sein muss, das dies ohne Reifenhalter dazu führen kann, dass sich der Reifen auf der Felge drehen kann. Auf lockerem Sand muss man zunächst langsam beginnen und dann sanft die Motorleistung einsetzen lassen. Die Ellbogen müssen beständig nach außen gebeugt und die Hüfte nach hinten verlagert sein, damit sich das Motorrad unter einem frei bewegen kann. Falls sich die Maschine zu sehr bewegt, muss etwas beschleunigt werden. Wird der Sand wirklich tief, muss versucht werden, möglichst nicht anzuhalten. Das Motorrad muss in Bewegung gehalten werden, selbst wenn man dazu mit den Füßen paddeln oder gar abspringen und ein Stück nebenherlaufen muss. Ein Motorrad aus dem Sand auszubuddeln, ist eine kräftezehrende Übung, und je schwerer die Maschine ist, desto größer ist das Risiko, sich einzugraben. In sehr weichem Sand kann man sich leicht mit dem Hinterrad eingraben und festfahren. Sollte dies passieren, hilft es nicht, das Hinterrad durchdrehen zu lassen, sondern man muss das Motorrad vor- und zurückdrücken, um im richtigen Augenblick aus der Furche herausbeschleunigen zu können. Wenn dies nicht funktioniert, darf bei Versuchen, das Motorrad sanft herauszufahren, nicht die Kupplung überlastet werden. Stattdessen sollten der Motor abgeschaltet und das Motorrad auf die Seite gelegt werden. Nun füllt man das freigelegte Loch mit Sand und verdichtet diesen mit den Füßen. Wenn das Motorrad wieder steht, wird es gestartet und in Bewegung gesetzt, bevor man wieder aufsteigt.

Zuletzt soll angemerkt werden, dass Fahren im Sand wirklich materialmordend ist. Sand kriecht in die kleinste Ritze und lässt bewegliche Teile wesentlich schneller verschleißen als üblich. Nach einer Sandfahrt muss das Motorrad möglichst rasch gewaschen und der Luftfilter gereinigt werden. Besondere Aufmerksamkeit muss auf den gegebenenfalls vorhandenen Kettenantrieb gelegt werden. Bevor irgendein Schmiermittel verwendet wird, müssen alle Teile gereinigt sein, da das Öl sonst den Sand nur daran kleben lässt.

← Im Sand muss man möglichst in Bewegung bleiben – Schwung ist hier das Wichtigste.
📷 Waldo van der Waal

← Trainiere, aus dem weichen Zeug herauszukommen.
📷 BMW Motorrad

⬆⬆ Leicht vorgebeugt im Stehen fahrend, kann sich das Motorrad frei unter einem bewegen.
📷 BMW Motorrad

⬆ Das Motorrad in Bewegung zu halten, ist sehr wichtig – selbst, wenn dies bedeutet, dass man absteigen und nebenherlaufen muss.
📷 BMW Motorrad

Nachdem man gelernt hat, im Sand zurechtzukommen, ist die nächste große Herausforderung beim Thema Sand das Erklimmen von Dünen. Egal, ob man sie mag oder nicht – irgendwann kommt der Tag, an dem eine Düne nicht umgangen, sondern durchfahren werden muss. Dünenfahrten können zu den größten Erfahrungen einer Wüstentour gehören, doch wie die meisten Offroad-Angelegenheiten hängt der Erfolg in dieser extrem instabilen Umgebung von der richtigen Technik ab. Es gibt viele verschiedene Sorten Sand, manche sind so fein, dass sie das Motorrad regelrecht verschlucken und einen unachtsamen Fahrer über den Lenker fliegen lassen.

Das Fahren in Dünen ist nicht nur eine körperliche Herausforderung (dies wird man spätestens dann herausfinden, wenn das Motorrad alle paar Minuten aufgehoben werden muss), sondern es erfordert auch hinsichtlich der Orientierung eine gute Konzentrationsfähigkeit, denn in Dünen kann man sich sehr leicht verfahren. Berücksichtigt man zudem die sehr wahrscheinlich hohen Temperaturen und den Mangel an Wasser, entwickelt sich die gesamte Umgebung zu einer großen Herausforderung. In *Chasing Dakar* kommentiert Scot Harden: »Effizienz ist der Schlüssel zum Fahren in Sanddünen. Die meisten Fahrer beklagen sich darüber, dass das Aufheben einer Rallyemaschine im Sand zu den größten körperlichen Anstrengungen gehört, die es bei der Rallye Dakar gibt. Oft erreicht die Herzschlagfrequenz dabei ein Maximum. Spare Energie und vergiss nicht, regelmäßig zu trinken.« Technisch betrachtet, ist Schwung wieder das Wichtigste, und man muss immer bereit sein, beschleunigen zu können, wenn der Sand weicher wird und das Motorrad einzusinken droht. Reduzierter Reifendruck kann hilfreich sein, da

Dünen

3

↑ Sanddünen fordern alles von Mensch und Material.
📷 BMW Motorrad

weichere Reifen sich wie die Füße von Kamelen besser auf dem Untergrund ausbreiten können. Mit einem größeren Fußabdruck erhält der Reifen auf lockerem Sand maximale Traktion. Je weicher der Sand, desto weniger Luftdruck wird benötigt. Wie bei allen Anstiegen erfordert auch das Erklimmen einer Düne Geschwindigkeit, Einsatz und Mut. Der Vorteil ist, dass ein Sturz im weichen Sand meistens nicht wehtut. Wahrscheinlich wird man einige Versuche benötigen, um ein Gefühl für das an einer weichen Steigung fahrende Motorrad zu bekommen. Das Gewicht muss so weit nach hinten verlagert werden, dass eine gute Traktion entsteht und sich das Vorderrad nicht eingräbt – aber nicht so weit, dass das Vorderrad abhebt. Den Tank mit den Beinen zu umgreifen, kann dabei helfen, den Körper zu stützen, falls sich das Vorderrad doch eingräbt.

Fahren im Sand erfordert viel Motorleistung und kann die Kupplung überfordern, sodass man darauf vorbereitet sein muss, den Motor mit viel Gas im optimalen Drehzahlband halten zu müssen. Eine Düne sollte schräg angefahren werden, da die meisten einfach zu weich sind, um sie rechtwinklig zu nehmen. Um ganz nach oben zu kommen, wird genügend Schwung benötigt – und oben sollte man wissen, was einen auf der anderen Seite erwartet; dies kann eine steile Abfahrt, ein anderer Fahrer oder ein weiterer Anstieg sein. Die Düne seitlich anzugehen, gibt einem auch eine bessere Perspektive darüber, was auf der anderen Seite liegt, und man hat mehr Zeit, sich zu entscheiden, ob man die Düne überquert, am Kamm entlangfährt oder wieder herunterfährt.

Auch die Abfahrt muss zügig erfolgen, um das Vorderrad am Eingraben zu hindern. Verlagere das Gewicht nach hinten, stehe auf und halte Schwung, indem du nur die Motorbremse nutzt.

⬇ **Manchmal ist die bedächtige Art der bessere Weg** – hier wird das im ersten Gang laufende Motorrad mit schleifender Kupplung begleitet.
📷 Thorvaldur Orn Kristmundsson

Felsen

Das Überqueren von Steinen und Felsen kann sehr kniffelig sein, und besonders bei großen und instabilen Steinen ist große Vorsicht geboten. Der wohl wichtigste Punkt ist das Überwinden der Angst vor rauem und unebenem Untergrund. Oft genug neigen ungeübte Fahrer dazu, bis auf Schritttempo zu verzögern und dann mit beiden Füßen über die Steine zu »paddeln«. Kleinere einzeln stehende Felsen können normalerweise stehend (für eine optimale Sicht) und nach Auswahl einer guten Linie mit einer guten Portion Einsatz überquert werden. Ebenso wichtig ist dabei, dass die Ellbogen und Knie ständig auf Unebenheiten reagieren können, um die Kontrolle über das Motorrad nicht zu verlieren.

Es ist wichtig, eine möglichst direkte Route zu wählen, da es sehr hart und ermüdend sein kann, gleichzeitig schwieriges Gelände zu meistern und dabei zu versuchen, das Motorrad zu lenken. Das Vorderrad geradeaus zu stellen, hilft generell, die Stabilität zu verbessern. Größere Steine und Hindernisse zu umfahren, muss nicht immer vorteilhaft sein. Oft bieten größere Felsen – auch wenn ihr Überqueren eine größere Herausforderung darstellt – mehr Stabilität, sodass dieser Punkt in die Wahl der richtigen Linie einfließen muss. Manchmal kann die Fahrt über Felsen und Geröll tatsächlich der leichtere und stabilere Weg sein, als solche Dinge zu umfahren.

Die Federung dient dazu, Stöße zu absorbieren, sodass man sie ihre Arbeit auch tun lassen sollte. Dies erlaubt einem zusammen mit einer neutralen Körperhaltung die Beherrschung der Maschine, während diese sich über Hindernisse unterschiedlicher Größe bewegt. Wenn die Konzentration auf das nächste Hindernis, die gewünschte Linie sowie den Schwung und das Tempo des Motorrades gerichtet ist, wird die Federung den Rest erledigen.

Um das Durchdrehen des Hinterrades zu minimieren und die Traktion über Felsen sicherzustellen, muss die Kupplung eingesetzt werden. Mäßiges Tempo ist in diesen Situationen extrem wichtig. Je mehr Schwung man hat, desto sanfter wird die Fahrt. Um ein gleichmäßiges Tempo zu halten, muss die Fähigkeit, wirkungsvoll Gleichgewicht halten zu können, gut ausgeprägt sein – so erhöht man die Kontrolle über das Motorrad.

Bei lockerem Untergrund darf die Vorderradbremse nur mit Vorsicht eingesetzt werden. Fühlt man, dass sich das Vorderrad eingräbt, hat man den Bremshebel zu stark gezogen und weiß, dass man ihn wieder lockern muss. In rauem Terrain muss man sich darüber immer bewusst sein, da man sonst leicht die Kontrolle über die Front verlieren und zu Boden gehen kann.

Wenn man herausfindet, dass die Felsen zu schwierig zu befahren sind, wird es Zeit, abzusteigen, den besten Weg festzulegen und neben dem Motorrad herzulaufen. Das Motorrad wird sich schwer und unhandlich anfühlen, und die Überquerung wird deutlich leichter, wenn sich zwei Leute die Last teilen. Nachdem die beste Linie festgelegt ist, wird die Maschine mit laufendem Motor und unter Einsatz aller Bedienelemente – Bremsen, Gas und besonders der Kupplung – langsam in Bewegung gesetzt. Wichtig ist der Blick auf den Boden, damit man die Füße sicher setzt und nicht die Balance verliert.

↑ **Konzentration und ein geradeaus gehaltenes Vorderrad sind auf einem solchen Untergrund die wichtigsten Punkte.**
📷 F J Maré

← **Größere Felsen erhöhen oft die Stabilität, müssen allerdings auf rutschige Stellen überprüft werden.**
📷 Touratech

Simon sagt…

- Suche die Linie, die den meisten Grip bietet.
- Gehe schlammigen Untergrund in der stehenden Angriffsposition an.
- Halte den Motor auf Drehzahl und versuche, Tempo und Schwung zu halten.
- Der Motor wird bei niedrigem Tempo und hohen Drehzahlen heiß, sodass der Kühler regelmäßig gereinigt werden muss.
- Ein Schlammloch zu umfahren, funktioniert nicht immer. Es hat schon viele Leute gegeben, die noch tiefer versanken, als sie feststellen mussten, dass der Boden um das Loch herum genauso sumpfig war.
- Im Zweifelsfall muss der Schlamm zuerst zu Fuß erkundet werden. Wenn man nicht stehen kann, wird man wahrscheinlich auch nicht fahren können.
- Bleibt man stecken, muss man sofort abspringen und das Motorrad im ersten Gang herausschieben.

Schlamm 5

Das Fahren unter unvorhersagbaren Bedingungen wie Schlamm bedeutet generell weniger Traktion – und damit weniger Kontrolle. Anders als auf stabilem Untergrund bedeutet die Fahrt im Schlamm, dass Tempoänderungen oder Richtungswechsel früher geplant und langsamer ausgeführt werden müssen. Schlamm macht Hindernisse wie Wurzeln oder Steine unsichtbar, sodass man immer darauf vorbereitet sein muss.

Allgemein betrachtet, gibt es keine geheimen Tricks oder einfache Antworten darauf, wie eine schwer beladene Reiseenduro durch Schlamm bewegt werden kann. Die Techniken können vom Aufstehen bis hin zum kräftigen Paddeln mit den Füßen reichen.

Wenn der Schlamm nicht zu tief ist und man noch aufstehen kann, sollte die neutrale Haltung gewählt werden. Fühlt man, dass die Traktion verloren geht, muss das Körpergewicht nach hinten verlagert werden, um dem Hinterrad Grip und Vortrieb zu liefern. Verliert man die Kontrolle über die Lenkung, muss versucht werden, mehr Gewicht auf das Vorderrad zu verlagern, damit es Bodenkontakt bekommt und sich wieder lenken lässt. Stellt man fest, dass sich das Motorrad seitlich bewegt, muss man sich daran erinnern, dass man mit der Verlagerung des Körpergewichts etwas dagegen tun kann. In schlammigen Furchen muss immer versucht werden, den Körper und das Motorrad so auszurichten, dass man nicht gegen den Rand der Fahrspur kämpft, sondern das Vorderrad ausreichend belastet, um Grip und Lenkkontrolle zu erhalten.

Einen langen, schlammigen Abschnitt mit hohem Tempo übereifrig anzugehen, funktioniert bei schweren Maschinen nur selten. Stattdessen sollte man sich mit der Umgebung vertraut machen, weit vorausblicken und das Motorrad mit strammem Schritttempo in Bewegung halten – notfalls auch mit Kraft. Die Lenkfähigkeit auf losem Untergrund sitzt in den Beinen und der Hüfte, und man wird feststellen, dass das Motorrad überraschend gut auf den Input auf die Fußrasten reagiert.

← Bereits ein paar Kilometer unter solchen Bedingungen mit wenig Traktion können sehr anstrengend sein.
📷 Joe Pichler

↓ Wichtig ist hier, das Motorrad in Schwung zu halten und auf Hindernisse aller Art vorbereitet zu sein.
📷 Touratech

59

Flüsse

6

Es kann sein, dass man auf seiner Reise nicht einen einzigen Fluss durchqueren muss, doch in Ländern wie Island passiert es einem regelmäßig. Flussquerungen dürfen niemals auf die leichte Schulter genommen werden. Sie können sehr heimtückisch sein und mit einer schwer beladenen Reiseenduro steigt das Risiko weiter an. Die Kraft von fließendem Wasser darf niemals unterschätzt werden.

Vor allem darf man niemals in einen Fluss fahren, ohne die Durchquerung erforscht zu haben. Das Gewässer muss möglichst von oben betrachtet werden, um die flachsten und gleichmäßigsten Stellen im Flussbett zu entdecken und Felsen oder andere Hindernisse zu vermeiden. Es ist nicht ratsam, Querungen zu versuchen, wenn größere Teile wie Holzstämme und Zweige im Wasser liegen. Zu den zwei anderen wichtigen Dingen, die zu beachten sind, gehören die Wassertiefe und die Strömungsgeschwindigkeit.

Wenn man mit den Umständen zufrieden ist, wird ein Punkt am gegenüberliegenden Ufer angepeilt und geradeaus losmarschiert, um den Grund nach Hindernissen abzusuchen. Wenn alles gut aussieht, kehrt man zum Motorrad zurück und fährt es entlang der kontrollierten Route hinüber. Die gewählte Linie muss nicht rechtwinklig zum Ufer liegen, wenn man der Meinung ist, dass eine schräge Route mehr Erfolg verspricht. Natürlich bedeutet eine rechtwinklige Querung eine kürzere Strecke und

⬇ **Halte das Motorrad aufrecht und in Schwung.**
📷 Thorvaldur Orn Kristmundsson

→ **Wenn so etwas passiert, muss man ruhig bleiben und versuchen, das Motorrad aufzurichten.**
📷 Thorvaldur Orn Kristmundsson

weniger Zeit im Wasser. Eine schräg zum Ufer verlaufende Linie sollte besser gegen den Strom als stromabwärts verlaufen.

Beim Durchqueren eines Flusses geht es um Balance und Sanftheit. Der Schwung der Maschine muss für eine leichte und sanfte Vorwärtsbewegung genutzt werden. Wenn das Motorrad bockt, muss es mit Kupplung und Gas beruhigt werden, um es aufrecht und in Schwung zu halten – im Wasser ist ausreichender Schwung unerlässlich.

Falls das Flussbett uneben ist und die Überquerung ein großes Risiko wird, müssen zuerst das Gepäck und anderes Gewicht vom Motorrad entfernt werden, um von Hand ans andere Ufer getragen zu werden, dann wird das Motorrad geholt. Ein langsames, bockendes Motorrad muss so leicht wie möglich sein.

Mit oder ohne Gepäck ist die beste Körperhaltung das Stehen, da so ein optimaler Blick auf das Flussbett und mögliche Hindernisse sichergestellt ist. Der Körper muss dabei entspannt sein, die Ellbogen gebeugt. Nun wird behutsam in Richtung des gewählten Punktes am anderen Ufer gefahren, sodass das Vorderrad eine kleine Welle vor sich herschiebt. Wenn die Bugwelle den Körper nass spritzt, ist man zu schnell und kann leicht stürzen, falls das Motorrad irgendwo aneckt.

Falls der Fluss eine starke Strömung hat, darf man nicht eine stehend gefahrene Überquerung versuchen, sondern muss sitzen bleiben und versuchen, mithilfe der paddelnden Beine das andere Ufer zu erreichen – nasse Stiefel sind angesichts einer sicheren Querung ein vertretbares Opfer. Falls einen aus irgendeinem Grund ein unsicheres oder unwohles Gefühl beschleicht, muss man einen anderen Fahrer bitten, mit hinüberzukommen. Wenn ein Helfer das Motorrad stützt – entweder von der anderen Seite, von hinten oder ziehend von vorn –, ist eine sanfte Kontrolle der Kupplung und der Drosselklappen nötig.

Im Allgemeinen hat ein Flussbett einen harten Untergrund (andernfalls würde der Fluss versumpfen), sodass man sich keine Sorgen über Schlamm am Boden machen muss. Allerdings ist im Bereich der Ufer mit Ablagerungen zu rechnen, sodass hier behutsam gefahren werden muss. Flussbetten bestehen meistens aus abgerundeten Steinen, sodass der Reifendruck um ein Drittel bis zur Hälfte abgesenkt werden kann, um auf einer längeren und schwierigen Querung mehr Traktion zu erhalten.

Das größte Risiko bei Gewässerquerungen ist die Gefahr, das Motorrad vollständig zu versenken und es regelrecht zu ertränken. Mehr Tipps dazu ab Seite 114.

Einen Fluss durchqueren

1 Vor der Durchquerung muss das Flussbett kontrolliert werden.

2 Wenn man unsicher ist, sollte man neben dem Motorrad hergehen.

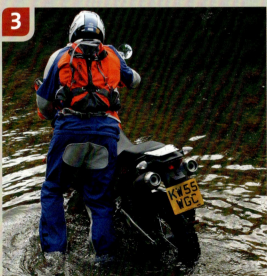

Zur Erleichterung der Maschine muss das Gepäck demontiert und separat hinübergetragen werden.

Fühlt man sich in der stehenden Position nicht sicher, wird sitzend gepaddelt.

↑ **Manchmal ist ein Tunnelblick nichts Schlimmes.**
📷 Globebusters

→ **Straßenetappen bedeuten nicht, dass die Konzentration nachlassen darf.**
📷 KTM

Das Fahren auf befestigten Straßen mit unter einem sich herziehenden ebenen Asphalt ohne ein einziges Schlagloch kann nach Tagen oder Wochen auf Trampelpfaden eine willkommene Erleichterung sein. Doch nur weil man einen schmalen Pfad verlassen hat, bedeutet dies nicht, dass man auch nur eine Sekunde nicht auf der Hut sein darf. Straßen können besonders in Ländern der Dritten Welt zu den gefährlichsten Abschnitten gehören. Von unberechenbaren Auto- und Lkw-Fahrern, Fußgängern, Tieren bis hin zu Ölspuren und riesigen Schlaglöchern kann einem hier alles begegnen, sodass beim Fahren auf Asphalt stetige Konzentration und Vorsicht geboten ist. Meistens kann man sitzend fahren, doch um den Blickwinkel zu erweitern, darf auch aufgestanden werden. Die eigene Sicherheit hängt von der Fähigkeit und einem konstanten Blick nach vorn ab, um auf alle Hindernisse reagieren zu können. Es ist wirklich lebenswichtig, ständig seinen Bremsweg zu überprüfen – man muss also immer so fahren, dass der Blick voraus über den gesamten wahrscheinlichen Bremsweg geht. Dies ist natürlich eine allgemeine Regel, die für alle Fahrten gilt, und man muss versuchen, einen Fahrstil zu entwickeln, der einem in jeder Situation einen maximalen Sicherheitsspielraum ermöglicht.

Eine asphaltierte Straße kann in der Stadt und auf dem Land zahlreiche Gefahren bergen. Mark Hodson, Motorradinstruktor und Gründungsmitglied der London Advanced Motorcyclists, verweist auf:

Straßen 7

Wasser

Nasse Straßen bieten besonders nach langer Trockenheit wesentlich weniger Traktion als trockene. Entsprechend muss der Fahrstil so angepasst werden, dass längere Bremswege und weniger Schräglage in Kurven eingeplant werden können. Auch bei Trockenheit kann die Fahrbahn nass sein – ein Blick auf die Wolken kann Hinweise geben. Selbst lange nach einem Schauer können Straßen unter Brücken, Bäumen und in Tunneln nass oder gar überschwemmt sein. Andere Fahrzeuge können Spritzwasser bis zu hundert Meter in einen Tunnel hineintragen. Übrigens können nasse Stellen auf trockenen Straßen in der Dunkelheit besser erkannt werden, weil sie Lichtquellen reflektieren.

↑ In solchen Situationen kann »um die Ecke denken« ein lebenswichtiger Aspekt sein.
📷 Globebusters

→ Es ist nahe am Abgrund, doch dieser Bereich kann mehr Traktion als andere bieten.
📷 Nick Plumb

Simon sagt …

- Kalte Reifen bedeuten immer besondere Vorsicht.
- Vor jeder Richtungsänderung im Verkehr muss ein Blick über die Schulter riskiert werden.
- Straßenkreuzungen müssen immer behutsam und mit reichlich Platz für Ausweichmanöver oder Vollbremsungen angefahren werden.
- Aus Bussen oder von Lastwagen steigende Menschen können unvermittelt auf die Straße treten.
- Auch bei klaren Verkehrsregeln und Ampeln muss an Kreuzungen mit Fahrern gerechnet werden, die sich nicht danach richten.
- Folgt einem ein Motorradfahrer und man entdeckt auf der Straße eine gefährliche Stelle, sollte man darauf zeigen, um ihn zu warnen.

Frost

Eine gefrorene Fahrbahn sollte nicht sonderlich überraschen, da sie einigermaßen leicht erkennbar ist. Raureif tritt besonders morgens auf, taut bei Tageslicht langsam auf und kehrt mit der Dunkelheit zurück. Weil er nur bei kalter Witterung auftritt, sollte man sich auch bewusst darüber sein, dass die Reifen ebenfalls nicht den optimalen Grip bieten. Natürlich darf man nicht zu schnell und mit zu viel Schräglage fahren. Ebenfalls ist zu bedenken, dass die Bahn der Sonne dafür sorgt, dass Bereiche von ihr erwärmt werden, die noch vor einer halben Stunde im kalten Schatten lagen. Ist man sich über den Zustand der Fahrbahn im Unklaren, kann eine leichte Berührung mit dem Stiefel eine Menge verraten. Diese Technik ist sehr nützlich, darf aber nur hinter der Fußraste oder weit außen eingesetzt werden – niemals vor der Raste!

Eis

Die ultimative Gefahr, denn Traktion ist definitiv nicht vorhanden. Zuerst vereisen Fahrbahnen, die auch von unten der Kälte ausgesetzt sind, also Brücken und Hochstraßen. In Vertiefungen können Pfützen vereisen und an nicht von Mauern oder Hecken geschützten Bereichen kann kalter Wind die Fahrbahn abkühlen. Der Wetterbericht kündigt Kaltfronten an, und ein morgendlicher Blick in eine Vogeltränke im Garten verrät Nachtfröste. Vorausfahrende Fahrzeuge können im Schneckentempo fahren oder ins Rutschen kommen, sodass man frühzeitig vor Eis gewarnt ist. Und gibt es Anzeichen für vereiste Straßen, sollte das Motorrad auf keinen Fall bewegt werden.

Schnee

Fallender Schnee ist ein wahres Horrorzeug. Abgesehen von der schlechten Sicht, kann Schnee bereits nach hundert Metern Scheinwerfer und Blinker sowie Windschutzscheiben und Visiere bedecken. Den Schnee mit den Handschuhen wegzuwischen, hat zur Folge, dass in kürzester Zeit die Hände frieren. Zudem sorgt nichts besser für ein innen beschlagendes Visier wie Schnee auf der Außenseite. Die Wirkung des sich auf der Straße ansammelnden Schnees kann rasch dramatisch werden. Innerhalb von Minuten sind Markierungen aller Art, Verkehrszeichen und sogar Bordsteinkanten regelrecht verschwunden. Dies kann dazu führen, dass man selbst oder jemand anders glaubt, die Vorfahrt zu haben, obwohl dies nicht stimmt. Auch Fußgänger laufen oft plötzlich lieber auf der Straße als auf dem Gehweg. Es gibt verschiedene Sorten Schnee. Diejenige Sorte, die sich besonders gut für Schneebälle oder Schneemänner eignet, weil sie so gut klebt, setzt sich auch rasch in Reifenprofilen ab und sammelt sich im Kotflügel. Dies führt zu geringerem Grip auf der Straße und einer zunehmenden Bremswirkung zwischen dem Kotflügel und dem Reifen, und als Ergebnis kann sogar das Rad blockieren. Wenn Schnee liegen bleibt und nicht schmilzt, treten alle bei Eis erwähnten Gefahren auf.

↑ **Jetzt wird es Zeit, anzuhalten und einen Schneemann zu bauen.**
📷 Dennis Kavish

← **Diese Maschine muss zunächst sorgfältig aufgetaut werden.**
📷 Alex Murariu

↑ Unbekannte Straßen können einzigartige Gefahren bieten.
📷 Globebusters

↓ Bei Reisen durch die Wüste muss man immer auf solche Dinge vorbereitet sein.
📷 Globebusters

Nasses Laub

Feuchte Blätter auf der Straße bieten nahezu null Grip – und dieser Zustand hält nach einem Regen sehr lange an, denn die oberen Schichten verhindern das Trocknen der unteren. Obwohl es offensichtlich erscheint, dass Laub je nach Jahreszeit und der Umgebung verstärkt auftreten kann, muss auch bedacht werden, dass es im trockenen Zustand vom Wind weit getragen werden kann.

Schlamm

Je nach Bodentyp variiert Schlamm in der Farbe und der Konsistenz. Unser Interesse liegt darin, vorhersagen zu können, wo wir ihn auf der Fahrbahn antreffen können. In ländlichen oder bewaldeten Gebieten kommen durch land- oder forstwirtschaftliche Geräte verschmutzte Straßen relativ oft vor – besonders bei nasser Witterung. In städtischen Bereichen ist Schlamm jedoch so selten, dass er meistens völlig überraschend auftritt. Bei Baustellen aller Art muss man immer mit Matsch rechnen – auch wenn es lange Zeit nicht geregnet hat.

Steine

Steine, Split und Staub aller Art können vom Wind und von Fahrzeugen an den Straßenrand oder die Fahrbahnmitte verlagert werden und sich dort ansammeln. Das sind Bereiche, die nur von Einspurfahrzeugen befahren werden, die sich durch den dichten Verkehr drängeln. Dort bieten die Ablagerungen eine schlechte Traktion, was sowohl die Bremswirkung verschlechtert als auch das Beschleunigen auf der »Motorradspur« an der Ampel

erschwert. Bei Maschinen mit einem hohen Schwerpunkt (durch einen vollen Tank und reichlich Gepäck) kann es auch leicht passieren, dass der stützende Fuß wegrutscht und man einen peinlichen Sturz hinlegt. Dies ist einer der wenigen Fälle, bei denen auch der linke Fuß zum Abstützen benutzt werden darf, während man mit eingelegtem Gang und gezogener Kupplung auf den Start wartet.

Öl- und Dieselspuren

Öl und Diesel sorgen regelmäßig für Motorradunfälle. Bei Benzin gibt es weniger Probleme, weil es relativ schnell verdunstet, doch Diesel löst sich nur sehr langsam auf, sodass er eine lange wirkende Gefahr darstellt. Die Spuren entstehen hauptsächlich durch falsch aufgesetzte oder fehlende Tankdeckel. Wenn das Fahrzeug durch eine Kurve oder einen Kreisel fährt oder abbiegt, schwappt der Treibstoff in den Einfüllstutzen und tritt aus. Am wahrscheinlichsten trifft man auf solche Spuren in der Nähe von Tankstellen, Busdepots oder Speditionshöfen und anderen Geländen mit eigenen Tankanlagen. Leckende Kraftstoffleitungen und Filter, Pumpen und Einspritzdüsen können überall ihre Spuren hinterlassen, Konzentrationen treten dort auf, wo solche leckende Fahrzeuge langsam fahren oder stehen müssen – das Gleiche gilt auch für relativ seltene, aber extrem langlebige Motorölflecken. Wenn man eine Diesel- oder Ölspur erstmals in einer Linkskurve entdeckt, kann man davon ausgehen, dass sie auch in den kommenden Linkskurven auftritt.

Tierkot

Hinterlassenschaften von Tieren können in ländlichen Gebieten auf Gefahren hinweisen, die nicht nur von Nutztieren, sondern auch von Wildtieren ausgehen. Viehmärkte und Schlachthöfe können ebensolche Probleme darstellen.

Trümmer

Auf der Straße verstreute Teile scheinen für viele Fahrer nicht zu existieren, weil sie einfach sehr unwahrscheinlich sind. In manchen Gegenden sollte man sich jedoch daran gewöhnen – in vielen Entwicklungsländern treten sie sogar extrem oft auf. Reifen- und Fahrzeugteile, tote Tiere und von offenen Lastwagen heruntergefallene Ladung aller Art finden sich allerorts. Besonders auf schlechten Wegstrecken oder an unebenen Brückenauffahrten ist damit zu rechnen. Auf kurvigen Strecken kön-

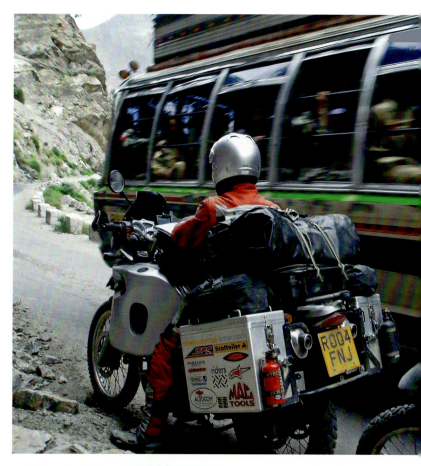

↑ Mach Platz für Busse! In vielen Ländern gilt Vorfahrt für den Größeren als wichtigste Verkehrsregel.
📷 Danny Burroughs

← Auch auf den lokalen Wildbestand muss ein Auge geworfen werden.
📷 KTM

nen Dinge seitlich herunterfallen, sodass man beim Überholen aufpassen muss. Auch auf den Gegenverkehr ist zu achten, denn er kann ebenfalls gerade irgendwelchen Teilen ausweichen müssen. Wenn man die Strecke nach kurzer Zeit wieder zurückfährt, ist es nett, andere Verkehrsteilnehmer vor der Gefahr zu warnen.

↑ Weder Steinschlag noch wilde Ziegen – Island von seiner schönen Seite.
📷 Thorvaldur Orn Kristmundsson

Nur wenige Länder dieses Planeten bieten ein solch einzigartiges und abwechslungsreiches Terrain wie Island. Die passenderweise *Biking Viking Motorcycle Tours* genannte Firma bietet sowohl Reisen über die Insel als auch dazu passende Motorräder an. Das Unternehmen wurde 1998 von Njall Gunnlaugsson gegründet, der sehr viel Motorraderfahrung hat. »Wir bezeichnen Island oft als Motorradspielplatz der Götter, da die Insel über mehr Schotterpisten verfügt als die meisten anderen Länder«, sagt Njall. Island bietet zudem zahlreiche Flussquerungen, Lagunen, Sand, Bergstrecken, Gletscher, Wasserfälle, Vulkane, Geysire und sogar kurvige Asphaltstraßen.

Die Biking Viking Tours werden generell auf BMW F 650-Enduros unternommen, da sich diese Maschinen für Reisen auf Island als ideale Untersätze erwiesen haben. Geboten werden verschiedene Touren, die sich an Fahrer mit unterschiedlichen Fähigkeiten und Interessen richten. Eine ihrer populärsten Expeditionen rund um die Insel umfasst alles, was Island zu bieten hat:

Biking Vikings

Tag 1
Von Reykjavík aus geht es an die Südküste zu den spektakulären Wasserfällen Seljalandsfoss und Skorgafoss. Die Route führt an zwei Gletschern entlang zur Unterkunft unterhalb des Vatnajökull, des größten Gletschers Europas.

Tag 2
Nach dem Frühstück geht es zum Gletschersee Jökulsárlón, dort gibt es eine Bootstour und ein Mittagessen. Den Rest des Tages führt die Fahrt entlang des Vatnajökull zum östlichsten Fjord Islands mit seinen prachtvollen Bergen und Tälern.

Tag 3
Die Route führt auf Schotterpisten in nordöstliche Richtung durch einen von Islands größten Wäldern, durch spektakuläre Landschaften zum Vopnafjörður und dann nach Bakkafjörður.

Tag 4
Die Reise geht zum Naturwunder Ásbyrgi, einem 3,5 km langen Canyon mit 100 Meter hohen Felswänden, der durch zwei katastrophale Flutwellen durch die Vatnajökull-Eiskappe entstanden ist. Dann geht es zum Dettifoss, einem von Europas größten Wasserfällen, und übernachtet wird am Mývatn-See.

Tag 5
Nach einem Besuch in Akureyri, der Hauptstadt des Nordens, führt die Route über eine alte Gebirgspiste nach Süden.

Tag 6
Einige großartige Offroad-Einlagen führen westlich zum Snæfellsnes-Gletscher, zum Mittag wird Haifischfleisch gereicht.

Tag 7
Die Rückreise nach Reykjavik führt entlang von Vulkanen auf der Snæfellsnes-Halbinsel.

biking viking
MOTORCYCLE TOURS
ICELAND

Mehr Informationen auf www.bikingviking.is

Þorvaldur Örn Kristmundsson

Grundlegende Fähigkeiten

Thorvaldur Orn Kristmundsson

Der Rallye-Dakar-Veteran Scot Harden wird mit den Worten zitiert: »Die wichtigste Tuningmaßnahme an einem Motorrad ist die Verbesserung der Leistungsfähigkeit seines Fahrers.« Viele Leute erkennen, dass der Umstieg von einem Straßensportler auf eine Reiseenduro ein größerer Schritt ist, als sie zunächst annahmen. Anders als eine zierliche und leichte Straßenmaschine, die sich spielerisch über kurvige Straßen lenken lässt, sind Reiseenduros schwerer, oft unhandlicher und müssen auf eine spezielle Art gefahren werden, um das Beste aus ihnen herausholen zu können. Kommen jetzt noch ein unberechenbares Terrain und besondere Umstände hinzu, denen man wahrscheinlich ausgesetzt sein wird, gibt es viele Gründe, sich spezielle Fähigkeiten anzueignen.

Während der Reise wird man wahrscheinlich wesentlich komplexeren Situationen und Herausforderungen ausgesetzt sein als auf einer normalen Straße. Entsprechend muss man seine Rückmeldungen auf diese Situationen mehr »automatisieren« – sie müssen also in Fleisch und Blut übergehen. Natürlich wird die Reaktionszeit länger, wenn man müde, nicht ausreichend fit oder einfach nur unkonzentriert ist.

Offroad zu fahren bietet uns keinen ebenen und berechenbaren Asphalt, sondern es wirft mit Steinen und Felsen nach uns, es gibt uns lockere Untergründe, tiefe Furchen und steile Berge – um nur einiges zu erwähnen. Jedes dieser Hindernisse kann mit einer gewissen Fertigkeit und vor allem der rich-

Auf- und Absteigen	**76**
Balance und Manövrierbarkeit	**78**
Kupplungsbeherrschung	**82**
Bremsen	**84**
Schritttempo	**88**
Die Wahl der richtigen Linie	**90**
Kurvenfahren	**92**
Steile Anstiege	**96**
Rettung am Hang	**100**
Steile Abhänge	**104**
Furchen und Hindernisse	**108**
Probleme meistern	**112**

tigen Technik überwunden werden, und wir sollten einige davon untersuchen.

Die hier skizzierten Fähigkeiten sind mit zwei wichtigen Überlegungen ausgewählt worden: Sie sollen maximale Kontrolle des Motorrads bringen und minimale Erschöpfung – die zwei wichtigsten Merkmale des Enduroreisens nach dem Spaß dabei. Natürlich erfordert jeder Untergrundtyp eine bestimmte Technik, doch im Allgemeinen sind die folgenden Basistipps es wert, beachtet zu werden.

Wenn man diese Tipps beim Fahren anwenden und seine Fähigkeiten bis zu dem Punkt weiterentwickeln kann, wo sie in Fleisch und Blut übergehen, kann ein Großteil der physischen und mentalen Energie dafür eingespart werden, neue Herausforderungen anzugehen. Dieses Kapitel erklärt die unterschiedlichen Fertigkeiten, die man benötigt – vom sicheren Erklimmen und Verlassen einer schwer beladenen Reiseenduro bis hin zum komplexeren Geschick wie dem zuversichtlichen Erklettern steiler Berge.

Grundlegende Fahrtipps

Beobachte stets die Fahrbahn, um wechselnde Bedingungen und Hindernisse zu erkennen.

Blicke weit voraus – nicht nur vor das Vorderrad.

Denke mehrere Schritte voraus, richte den Blick über Hindernisse hinaus und fixiere nicht nur eine Sache.

Schwung ist oft der beste Freund des Motorradfahrers, und selbst auf schlechter werdendem Untergrund ist etwas Tempo unerlässlich.

Kämpfe nicht ständig gegen die Bewegungen des Motorrades unter dir an – lasse es stattdessen selbst die beste Traktion finden.

Beuge dich nach vorn – die Arme entspannt und gebeugt, die Beine und inneren Oberschenkel leicht gegen das Motorrad gedrückt, die Füße fest auf den Rasten.

Wähle in Kurven mit losem Untergrund eine gute Linie und moderate Geschwindigkeit.

Anspruchsvolle Abschnitte stehend fahren und einfachere im Sitzen (manche Leute machen es umgekehrt).

Nutze die Bremswirkung des Motors durch die Auswahl der passenden Getriebeabstufung.

Versuche immer, das Motorrad senkrecht zum Untergrund zu halten.

Erwarte immer das Unerwartete – andere Fahrzeuge, Fußgänger, Tiere, Schlaglöcher und Fahrbahnveränderungen.

Achte darauf, im richtigen Gang zu fahren – nicht so viel Drehmoment, dass das Hinterrad ständig durchdreht, und nicht zu wenig, um bei Bedarf genügend Leistung zur Verfügung zu haben.

Beachte deine Grenzen – in einer unsicheren Situation muss angehalten und das Terrain beobachtet werden, bevor es weitergeht.

Verzögere, bevor du ein schlechtes Stück Fahrbahn erreichst, und beschleunige dann sanft hinüber. Wird man anfangs nicht langsamer, kann zu viel Tempo auf schwierigen Abschnitten zum Risiko werden.

Bei allen Hindernissen sorgen gute Vorbereitung und Training dafür, dass man sie perfekt meistert.

Simon sagt …

- Behalte beim Auf- und Absteigen immer die Kontrolle über das Motorrad.
- Man kann den Seitenständer als Hilfe nutzen – darf sich jedoch niemals darauf verlassen.
- Versuche immer, auf festem Untergrund zu bleiben.
- Steig ab, wenn es noch einfach ist, und bringe das Motorrad zu Fuß zum Parkplatz.

Auf- und Absteigen

8

Sowohl das Aufsteigen als auch das Absteigen vom Motorrad erfordert einige Überlegungen. Ist das Motorrad stabil? Ist alles ausbalanciert? Kann man die schwere Maschine beim Auf- und Absteigen unter Kontrolle halten?

Niemals darf man sich darauf verlassen, dass der Seitenständer genügend Stabilität gibt – das gilt besonders, wenn die Maschine bereits beladen und die Federung komprimiert ist. Kommt dann noch das eigene Körpergewicht hinzu, wird es vielleicht unmöglich, den Ständer einzuklappen, ohne dafür das Motorrad nach rechts zu neigen. Idealerweise sollte die Vorderradbremse voll gezogen, der Lenker bis zum Anschlag in die andere Richtung eingeschlagen und das Motorrad in die Senkrechte gehoben werden. In dieser Position hat man ein stabil blockiertes Dreieck, sodass sich die Maschine beim Aufsteigen nicht bewegen kann.

Das Absteigen muss auf festem Terrain erfolgen. Kann mir der Fuß auf dem Boden Stabilität geben? Kann ich leicht wieder aufsteigen? Falls nicht, fährt man einfach ein paar Meter vor und versucht es erneut. Stoppt man an einer Schrägen, muss darauf geachtet werden, den richtigen Fuß abzusetzen. Manchmal ist es einfacher, auf Asphalt abzusteigen und dann das Motorrad zum gewünschten Parkplatz zu schieben. Für Menschen mit kürzeren Beinen kann bereits ein einfacher Stopp Schwierigkeiten bereiten. Hier hilft, auf die rechte Pobacke oder den Oberschenkel zu rutschen, sodass man links den Boden erreicht, während der rechte Fuß weiterhin das Bremspedal drückt. Das Weiterfahren wird so relativ einfach, weil man sich mit dem Schenkel abstützen kann, bis man gerade im Sattel sitzt.

Der »rollende Aufstieg« funktioniert nur bei Maschinen mit Hauptständer. Der Fahrer besteigt das auf dem Hauptständer stehende Motorrad und verlagert sein Gewicht nach hinten. Dann startet er den Motor, zieht die Kupplung und legt den ersten Gang ein. Sobald man bereit ist, lehnt man sich so weit nach vorn, bis die Maschine vom Ständer rollt, kuppelt aus und fährt los. Der »stehende Aufstieg« ist härter und erfordert etwas Zuversicht, damit er korrekt funktioniert. Der Fahrer steht dabei links vom Motorrad und hält links die Kupplung und rechts den Gasgriff. Nun kuppelt man aus, legt den ersten Gang ein und stellt den linken Fuß auf die Fußraste. Wenn alles ausbalanciert ist, wird die Kupplung langsam eingerückt, bis sich das Motorrad bewegt. Nun lässt man das rechte Bein so lange baumeln, bis ausreichend Tempo erreicht ist, um es über den Sattel schwingen zu können. Der stehende Abstieg wird in der umgekehrten Reihenfolge ausgeführt, wobei der Fahrer kurz vor dem Halt der Maschine herunterspringt. Auch hier muss daran gedacht werden, einige Meter neben dem Motorrad herzugehen, bis ein besserer Parkplatz erreicht ist.

Ein Motorrad richtig besteigen

1 Stabilisiere die Maschine, indem du die Vorderradbremse ziehst und die Lenkung nach links einschlägst.

2 Besteige die Maschine, während sie stabil gehalten wird.

3 Wähle die Fahrtrichtung aus, lenke geradeaus und fahre los.

Robert Wicks

Balance und Manövrierbarkeit 9

Wenn man die wichtigen Aspekte des Enduroreisens zusammenfasst, geht es im Kern um Balance und Kontrolle. Hält man die Maschine aufrecht und auf Linie, wird sich selbst das schwerste Motorrad leicht und wendig anfühlen. Verliert man jedoch das Gleichgewicht, wird das Fahrzeug sofort schwer, sodass der Trick darin liegt, es rasch wieder in Balance zu bekommen. Viele Menschen fahren tatsächlich »unausgewogen« – und wundern sich, warum sie sich nach einem Tagesritt so erschöpft fühlen.

Von Anbeginn an wird genügend Zeit benötigt, um herauszufinden, wo bei seinem Motorrad der Gleichgewichtspunkt liegt. Dies kann mit einer einfachen Übung demonstriert werden, allerdings sollte bei diesem Versuch ein Assistent bereitstehen. Das auf dem Seitenständer stehende Motorrad wird von rechts aus in die Senkrechte gezogen. Beachte, wie leicht es sich dort halten lässt! Jetzt kommt der Helfer ins Spiel, und man neigt die Maschine sehr vorsichtig zu beiden Seiten. Der Assistent muss notfalls dafür sorgen, dass das Motorrad nicht fällt. Beachte, wie viel mehr Kraft benötigt wird, um das Motorrad am Fallen zu hindern, wenn es sich immer weiter aus der Senkrechten entfernt. Nun stellt man die Maschine wieder gerade hin, hält sie in dieser Position und versucht, um sie herumzugehen. Dies ist relativ einfach, solange man die Balance gut halten und notfalls wieder ausgleichen kann. Nachdem man Vertrauen gewonnen hat und sich über den Effekt der Ausgewogenheit im Klaren ist, wird die Übung einfacher. Wiederhole die Übung nun mit der komplett beladenen Maschine und beobachte, wie sich dies auf die Balancecharakteristik auswirkt. Der Gleichgewichtspunkt ändert sich bei beladenem Motorrad nicht, doch steigt die nötige Kraft, um sie wieder ins Gleichgewicht zu bringen. Früher erwähnte Punkte über die Auswirkungen des Schwerpunktes verdeutlichen, welche Einflüsse dies auf die Fahrbarkeit der Maschine hat und wie sich dies auf grobem Untergrund auswirkt.

Der Schlüssel zur Kontrolle einer Reiseenduro liegt darin, das Motorrad mithilfe des Körpergewichts das tun zu lassen, was man will – und nicht umgekehrt. Wenn man steif und verspannt auf dem Motorrad sitzt, wird das Körpergewicht zum Maschinengewicht hinzuaddiert – und wenn etwas passiert, hat man nichts, um dagegen anzukämpfen. Ist man jedoch locker und fährt möglichst noch im Stehen, kann sich das Motorrad unter einem bewegen und man hat die Freiheit, den Einfluss seines Körpers zu benutzen, wenn es nötig ist.

Bei einem Straßenmotorrad bilden der Fahrer und die Maschine eine Einheit, doch Reiseenduros sind anders – hier arbeiten die Maschine und der Fahrer unabhängig voneinander. Auf welligem Terrain versucht das Motorrad ständig, die Linie zu verlassen, sodass es dauernd den Einfluss des Fahrers braucht, um das Gleichgewicht und die Manövrierbarkeit zu erhalten. Beim Fahren entsteht ein entscheidender Wendepunkt, wenn man beginnt, die Wichtigkeit des Drucks auf die Fußrasten zu erkennen, und lernt, wie dieser beim Erhalten des Gleichgewichts hilft.

Eine gute Körperhaltung sorgt auch in schwierigem Gelände für maximale Kontrolle.
📷 Touratech

↓ Versuche, die Fußrasten gleichmäßig zu belasten.
📷 Robert Wicks

↓↓ Bevor man dies versucht, muss man das Motorrad gut ausbalanciert haben!
📷 Thorvaldur Orn Kristmundsson

→ Auf einem Pfad umkehren zu müssen, ist oft unvermeidbar.
📷 Thorvaldur Orn Kristmundsson

Wenn man diese Technik einzusetzen beginnt und auf den Rasten »tanzt«, hört man automatisch damit auf, wertvolle Energie zu verschwenden. Man wird feststellen, dass man bis hierher immer nur ständig gekämpft hat, um das Motorrad in der Bahn zu halten.

Nutze ständig dein Gewicht, um die Kontrolle zu maximieren und die Erschöpfung zu minimieren. Ein gutes Beispiel hierfür ist der Versuch, eine 180°-Kehre zu fahren. Hierzu sucht man sich eine möglichst breite Stelle mit etwas Gefälle. Fahre nun rechtwinklig den Hang hinauf, schlage den Lenker um und lasse das Motorrad allein zurückrollen, um es komplett zu wenden – durch das Ausnutzen des Maschinengewichts spart man Energie und kann sich auf den nächsten Teil des Manövers vorbereiten. Kontrolliere das Rollen mit den Bremsen und fahre wieder an – eine sehr einfache Übung, die nicht ermüdet und einem die komplette Kontrolle behalten lässt.

Simon sagt ...

- Gleichgewicht und Kontrolle sind die beiden wichtigsten Dinge.
- Nutze dein Körpergewicht, um die Maschine machen zu lassen, was du willst.
- Erkenne die Wichtigkeit des Fußrastendrucks.
- Fahre immer mit moderatem Tempo.

Wenden auf der Piste

1 Unterteile die Kehre in Abschnitte.

2 Nutze Steigungen, um das Motorrad rückwärtsrollen zu lassen.

3 Drehe um und folge der richtigen Richtung.

Thorvaldur Örn Kristmundsson

Simon sagt …

- Betrachte die Kupplung als deinen Sicherheitsschalter.
- Die Kupplung bietet »sofortige« Kontrolle.
- Achte darauf, dass die Kupplung korrekt eingestellt ist.
- Greife den Kupplungshebel mit nur zwei Fingern.

Kupplungsbeherrschung 10

Die Kupplung eines Motorrades ist eine oft übersehene Kontrolleinrichtung und weit vielseitiger, als man zunächst vermutet.

»Betrachte die Kupplung als deinen Sicherheitsschalter«, sagt Simon Pavey und fügt hinzu: »Im Falle eines momentanen Kontrollverlusts kann das Trennen der Kupplung alles wieder beruhigen, und man hat Zeit, die Beherrschung wieder sicherzustellen, sich zu sammeln und weiterzufahren.

Durch den Einsatz der Kupplung kann der Fahrer präzise bestimmen, wie viel Leistung zum Hinterrad übertragen wird – und das ist unter bestimmten Umständen unbezahlbar. Die Kupplung an einer Steigung schleifen zu lassen, erlaubt es dem Motor, ausreichend Leistung für den Anstieg zu entwickeln, schützt aber davor, dass das Hinterrad durchdreht und Traktion verliert – und sorgt damit für eine sichere Ankunft am Gipfel. Eine leicht gezogene Kupplung kann auch dafür sorgen, dass nicht zu viel Leistung auf das Hinterrad übertragen wird, das Vorderrad am Boden bleibt und ein kontrollierter und bedächtiger Anstieg möglich wird. Falls einem plötzlich das Hinterrad durchdreht, ist es oft besser, das Gas stehen zu lassen und kurz die Kupplung zu ziehen, damit der Reifen wieder greift und Traktion findet, als den Gasgriff zu schließen. Gleich bleibendes Gas ist beim Fahren augenscheinlich unerlässlich, doch eine Kontrolle des Motorrades ausschließlich über den Gasgriff bedeutet, dass die Maschine wahrscheinlich nicht so rasch reagieren kann, wie dies mit der Kupplung möglich ist.

Wichtig ist, dass man »fühlen« kann, was die Kupplung macht, sodass es besser ist, möglichst dünne Handschuhe zu tragen. Versuche zudem, die Kupplung mit nur zwei Fingern zu ziehen, während der Daumen, der Ringfinger und der kleine Finger am Lenker verbleiben – dies erlaubt einem einen festen Griff am Lenker, während gleichzeitig die Kupplung kontrolliert werden kann – und so die gesamte Beherrschung des Motorrades sichergestellt ist.

Sehr wichtig ist auch, dass die Kupplung korrekt eingestellt ist und das richtige Spiel aufweist. Hat der Kupplungshebel kein Spiel, stehen die Chancen sehr hoch, dass die Kupplung genau dann durchrutscht, wenn man es am wenigsten gebrauchen kann, dabei überhitzt und noch mehr rutscht. Hierdurch können dauerhafte Schäden entstehen, die einen Austausch der Kupplungsscheibe(n) erfordern.

Eine gute Übung ist, das Motorrad so langsam wie möglich zu fahren und dabei zu beobachten, wie dies mit schleifender Kupplung und moderatem Gaseinsatz möglich ist. Ist man hierbei sicher, wird versucht, mithilfe der Bremsen zu einem kurzen, aber vollständigen Halt zu kommen, ohne dabei die Füße auf den Boden zu stellen. Dann wird das Gleichgewicht wiederhergestellt, indem die Bremse gelöst und wieder eingekuppelt wird, um Fahrt aufzunehmen.

← **Feinfühlige Kupplungskontrolle mit gleichzeitigem festen Griff am Lenker**
📷 Tim Cheetham

Schleifende Kupplung

1 Beginne das Manöver mit dem richtigen Tempo.

2 Ziehe die Kupplung, um während des Manövers die Kontrolle zu behalten.

3 Lasse die Kupplung schleifen, um den Motor am Anstieg auf Drehzahlen kommen zu lassen.

📷 Robert Wicks

Verzögerungstechnik Durch den Einsatz von:	Ergebnis Diese Aktion beeinflusst:
Defensiver und vorausblickender Fahrweise, das Erkennen von Problemen im Voraus und die Wahl der besten Linie durch den Verkehr und um gefährliche Stellen herum.	Deine Position im Verhältnis zum Gefahrenbereich
Der Vorderradbremse	Das Vorderrad und die Gewichtsverteilung auf beide Räder.
Der Hinterradbremse	Das Hinterrad
Das Schließen des Gasgriffs	Das Hinterrad
Das Wechseln in einen niedrigeren Gang	Das Hinterrad

Bremsen 11

Im Allgemeinen denkt man beim Verzögern eines Motorrades nur daran, die Bremsen zu benutzen, doch streng genommen ist dies nicht wahr. Eine Verzögerung erreicht man durch das Kombinieren von Aktionen aus der gegenüberliegenden Tabelle.

Man neigt leicht dazu, die letzten beiden Zeilen der Tabelle zu übersehen, doch beide können leicht zu einem blockierenden und wegrutschenden Hinterrad führen, wenn sich das Motorrad in Schräglage befindet. Daher ist sicheres und souveränes Verzögern eines Motorrades nicht nur eine simple Fähigkeit, sondern erfordert Übung und Training, zudem spielt der Zustand der Fahrbahn eine wichtige Rolle.

Dies im Kopf, müssen mehrere Faktoren betrachtet werden, die Einfluss auf das Verzögern haben können: die Art des gerade befahrenen Untergrundes, der Typ und die Qualität der Reifen, das Gewicht des Motorrades, das Reisetempo sowie die Größe und der Zustand der Bremsscheiben und Beläge.

Die Vorderradbremse muss immer mindestens 70 % der Bremsleistung bringen. Besonders im Gelände muss die Hinterradbremse eher als Steuerruder betrachtet werden, um das Motorrad in der Spur zu halten, statt sich darauf zu verlassen, dass sie eine nennenswerte Bremswirkung erzielt.

Das Geheimnis einer guten Verzögerung auf schlechtem Untergrund liegt im Beobachten. Wenn man weiß, was man unter den Rädern hat, kann man sein Bremsen auf dieses Terrain abstimmen. Man muss sehr oft bremsen – möglichst aufrecht und geradeaus (Bremsen in Schräglage auf losem Untergrund kann extrem gefährlich sein!). Die Bremsen müssen progressiv bedient werden, wobei die Geräusche und die Rückmeldung von beiden Reifen sorgfältig interpretiert werden müssen, um eine Blockierneigung zu entdecken und zu unterbinden. Besondere Vorsicht ist beim Bremsen im Gefälle, an Steigungen und auf sehr schrägem Untergrund geboten. Beachte, dass ein Reifen nur Traktion und Lenkkontrolle bieten kann, wenn er sich dreht.

Man sollte immer zwei Finger am Bremshebel haben – dies hilft, die Reaktionszeit zu verringern, und die anderen Finger der rechten Hand können den Lenker halten. Weniger Finger am Bremshebel bedeuten auch, dass man nicht so heftig bremst, als wenn man mit allen vier Fingern nach der Bremse greift. Auch muss immer die Bremswirkung des Motors beim Herunterschalten der Gänge berücksichtigt und dies in die Berechnungen eingebaut werden, wenn man langsamer werden oder anhalten will. Das Verzögern muss für die bevorstehende Situation geplant und auf diese abgestimmt sein. Man muss in der Lage sein, den Streckenzustand des gesamten Bremsweges abschätzen zu können, da dieser Bremsweg sehr stark durch die Oberfläche beeinflusst wird.

Ein sanftes Verzögern führt zu einer Gewichtsverlagerung, die Federung sackt langsam ein, und der Reifen kann sich im Untergrund festbeißen. Dieser zusätzliche Druck bedeutet, dass man jetzt vorn härter bremsen kann, ohne das Rad (auf einem guten Untergrund) zum Blockieren zu bringen.

← **Selbst mit zwei Fingern kann man überraschend stark bremsen.**
📷 Tim Cheetham

↓ **Auf lockerem Untergrund wird das Hinterrad sehr rasch blockieren.**
📷 Robert Wicks

Simon sagt …

- Das Geheimnis beim Bremsen auf schlechtem Untergrund ist die Beobachtung.
- Bremse vorn nur mit zwei Fingern und blockiere nicht das Vorderrad.
- Nutze zum Verzögern immer die Wirkung der Motorbremse.
- Bringe deinen Körper im Fall einer Notbremsung rasch in eine geeignete Position.

Wenn das Motorrad vorn einsinkt, darf man nicht die Arme versteifen und den Körper gegen den Lenker abstützen. Stattdessen müssen die Beine gegen den Tank gedrückt werden, um die Arme locker und entspannt halten zu können. Wird die Bremse noch weiter gezogen, beißt der Reifen noch härter zu – bis zu dem Punkt, an dem das Rad tatsächlich blockiert. Ist man sich darüber bewusst, was geschehen kann, und erfolgte der Bremseinsatz sanft, hat man genügend Zeit, sich mit dem Blockieren zu beschäftigen, und dessen Wirkung wird weniger dramatisch. Wenn man allerdings nach der Bremse schnappt, stehen die Chancen für ein blockierendes Vorderrad wesentlich besser – und dies geschieht ohne Vorwarnung. Bedenke, dass ein Reifen nur greifen kann, wenn er sich dreht – ein blockierendes Rad kann weder lenken noch bremsen. Auch ist wichtig zu erkennen, dass eine sich auf und ab bewegende Federung das Ergebnis einer schlechten Bremstechnik ist, und die Fähigkeit, Kurven sanft durchfahren zu können, dadurch stark beeinflusst wird.

Der effektivste Punkt bei der Funktion einer Bremse liegt kurz vor dem Blockieren. Im normalen Alltag kommt man der Blockiergren-

ze wahrscheinlich kaum nahe, doch es ist wichtig zu wissen, wo sich dieser Punkt auf verschiedenen Untergründen befindet. Dies ist nur mit Erfahrung und Training möglich und variiert von Motorrad zu Motorrad. Wenn das Vorderrad blockiert, ist dies nicht grundsätzlich ein Desaster – doch muss unverzüglich erkannt und durch verringerten Bremsdruck rückgängig gemacht werden.

Die Hinterradbremse kann genutzt werden, um das Motorrad zu lenken und driften zu lassen, allerdings muss ihr Einsatz gut geplant und vorsichtig erfolgen. Wenn das Hinterrad blockiert, wird es wahrscheinlich gerade bergabgehen, und es ist nicht ungewöhnlich, dass ungeübte Fahrer in Panik geraten und die Bremsen in der Hoffnung, dass sie anhalten oder wenigstens langsamer werden können, stärker betätigen. Auf einer großen Reiseenduro mit ihrem entsprechenden Gewicht ist dies nicht einfach zu bewältigen. Am wichtigsten ist hier, nicht in Panik zu geraten und die Motorbremswirkung zu nutzen, um den Abstieg gelassen zu meistern. Erwischt man sich selbst bei Panikbremsungen, liegt der dafür verantwortliche Fehler wahrscheinlich schon lange zurück – denke also vor jedem Bremsmanöver nach und plane es voraus.

Das Motorrad ist im Allgemeinen am stabilsten, wenn es rollt, sodass Bremsen in einer instabilen Umgebung wie rauem oder losem Terrain nicht sinnvoll ist. Bremse also, bevor es knifflig wird, sodass ein schwieriger Untergrund mit moderatem Tempo überrollt werden kann. Dies sorgt für eine geringe Fehlerquote, und man muss wahrscheinlich niemals hart bremsen.

Ist man zum harten Bremsen gezwungen, muss der Körper auf die Bremswirkung vorbereitet werden. Egal ob man stehend oder sitzend fährt, muss versucht werden, den Körper in der zur Verfügung stehenden Zeit etwas nach hinten zu verlagern, die Ellbogen und Arme hochzuheben und sich selbst für den Zeitpunkt des Bremsens abzustützen. Im Falle einer Notbremsung muss unter allen Umständen vermieden werden, die Räder zu blockieren. Benutze möglichst beide Bremsen. Fühlt man, dass der Grip nachlässt, müssen die Bremsen sanft gelockert und die Hüften nach hinten verlagert werden.

Die neuesten ABS-Bremsen eignen sich für normales Fahren sehr gut, doch für schnelleres und aktiveres Fahren oder steile Abhänge sollte das ABS ausgeschaltet werden, damit man (als routinierter Fahrer) näher an die Blockiergrenzen gelangt, als die Technik es jemals schaffen würde.

↑ **Nutze beide Bremsen, um maximale Verzögerung und Kontrolle zu erreichen.**
📷 Robert Wicks

← **Ein schwieriger Abhang lässt sich mit geringer Geschwindigkeit kontrollierter bewältigen.**
📷 Robert Wicks

Bremsen auf Abhängen

1 Ein gebremstes Hinterrad erhöht die Stabilität.

2 Maximale Bremswirkung entsteht kurz vor der Blockiergrenze.

3 Durch langsames Lösen der Bremsen erhält man wieder Traktion und Tempo.

Simon sagt...

- Denke immer daran, dass du es bist, der das Motorrad kontrolliert.
- Nutze die Kupplung, um das richtige Tempo und die Balance zu halten.
- Setze die Bremsen immer dezent ein.
- Sei dir immer im Klaren darüber, wohin du das Vorderrad setzt.

Schritttempo 12

Motorradfahren ist bei geringer Geschwindigkeit wesentlich schwieriger als bei höherem Tempo, weil die Maschine sensibler auf ihre Primärinputs Lenkung, Gas und Bremse reagiert, und es erfordert Übung, um die nötigen Fähigkeiten und den Gleichgewichtssinn auszubilden, den man beispielsweise im Kriechverkehr, bei Wendemanövern oder beim Ausweichen von Hindernissen benötigt.

Es gibt einige Tricks, die einem helfen, bei Schritttempo das Gleichgewicht zu halten, doch muss immer bedacht werden, dass stets der Fahrer das Motorrad beherrschen muss und niemals umgekehrt; zudem ist der korrekte Einsatz der Kupplung, des Gasgriffs und der Bremse maßgeblich. Eine entspannte und solide Körperhaltung – entweder sitzend (mit Füßen auf den Rasten) oder stehend – hilft ebenfalls dabei, bei niedrigem Tempo die Balance zu halten.

Das nützlichste Ding ist die Kupplung, denn sie kann das Tempo mildern und helfen, das Gleichgewicht zu halten. Sie muss allerdings mit Finesse eingesetzt werden, um beste Ergebnisse zu liefern. Wer ein paar km/h schneller sein will, sollte dies mithilfe der Kupplung einrichten statt mit dem Gasgriff. Man kann sehr geringes Tempo fahren, indem man einfach die Kupplung schleifen lässt, statt sie vollständig zu trennen. Man muss aber dabei wissen, dass dies die Kupplung möglicherweise stark verschleißen lässt. Man kann die Hinterradbremse zusammen mit etwas Gas einsetzen, um das Motorrad bei sehr langsamer Geschwindigkeit aufrecht zu halten – besonders in Kurven. Eine schleifende Hinterradbremse funktioniert gut, doch man muss immer bedenken, dass alle Bedienelemente nur sehr dezente Eingaben erfordern, um das niedrige Tempo zu halten.

Schließlich muss man bei Schritttempo immer wissen, wo sich beide Räder befinden. Das Vorderrad ist dabei wesentlich wichtiger, und man darf es nur vorsichtig platzieren – ein kleiner Stein kann einen bei niedrigem Tempo schnell aus dem Gleichgewicht bringen. Das Hinterrad meistert die Lage wesentlich leichter, doch man muss beachten, wohin es rollt, denn in Kurven läuft es etwas weiter innen als das Vorderrad.

Das Wichtigste, was man tun kann, ist üben, bis es einem in Fleisch und Blut übergeht. Wie immer macht nur Übung den Meister.

← Schritttempobalance wird vor allem mit der Hüfte und den Beinen vorgenommen.
📷 Dennis Kavish

←← Ein kniffeliges Gefälle muss mit Vorsicht angegangen werden.
📷 Touratech

↓ Nur die richtige Körperhaltung und eine gute Gasgriffkontrolle lassen diese schwierige Sequenz einfach aussehen.
📷 Thorvaldur Orn Kristmundsson

Simon sagt …

- Lenke entschlossen und mit Druck.
- Wähle eine Linie, die dir den Blick auf die Fahrbahn eröffnet.
- Die »natürliche« Linie ist nicht immer die sicherste oder zweckmäßigste.
- Achte immer darauf, wohin du das Vorderrad stellst.

Die Wahl der richtigen Linie 13

Wer an einem Motorradtrainingskurs teilgenommen hat, wird gehört haben, dass man immer dorthin schauen muss, wohin man fahren will. Diese Aussage hat im Gelände eine besondere Wichtigkeit. Die Traktion und der Zustand des Untergrundes können sich rasch ändern, und die Breite des Bereichs, durch den man fahren möchte, ändert sich ebenso schnell. »Der Schlüssel liegt darin, einen visuellen ›Schnappschuss‹ von der vor einem liegenden Fahrbahn zu machen und dann seinen Blick mindestens 15 Meter vorauszurichten«, sagt Jim Hyde. Und er fügt hinzu: »Wenn du deinen Blick auf ein Hindernis auf dem Weg heftest, wirst du es wahrscheinlich auch treffen! Schau stattdessen auf die Spur, der du folgen möchtest – und du wirst auf magische Weise dem Hindernis über den gewählten Pfad ausweichen.« Es klingt zu gut, um wahr zu sein, aber es funktioniert.

Die drei Grundprinzipien zur Wahl der richtigen Linie sind:
- Lenke entschlossen und mit Druck.
- Wähle eine Linie, die dir den Blick auf die Fahrbahn eröffnet.
- Umfahre potenzielle Gefahren mit möglichst großem Abstand.

Im Allgemeinen wird man mit zwei Situationen konfrontiert, in denen die Wahl der richtigen Linie unerlässlich ist: an langsamen und schwierigen Abschnitten, wo Hindernisse wie Felsen oder Löcher die Linie blockieren; oder auf schnelleren, offeneren Wegen, wo die Wahl der richtigen Linie einen gut durch Kurven bringt.

Auf den meisten Wegen hat sich – besonders, wenn sie viel benutzt werden – eine »natürliche Linie« entwickelt. Viele von ihnen sind von Allradfahrzeugen oder Lastwagen gemacht worden und stellen nicht unbedingt die beste Linie für Motorräder dar. Spuren ändern sich mit der Zeit und werden ausgewaschen oder abgetragen, sodass man darauf achten muss, dass die gewünschte Linie auch auf grobem Untergrund ausreichend Traktion bietet. Die welligen Oberflächen mancher Pisten neigen dazu, am Rand abzuflachen, sodass man hier besser fahren kann.

Während man sich seinen Weg durch schwieriges Gelände sucht, muss extrem darauf geachtet werden, wohin man sein Vorderrad setzt und dass man Hindernissen ausweicht. Steh auf, um einen optimalen Überblick zu erhalten, und denke ständig einen Schritt voraus.

← Prüfe, ob dein Motorrad nicht zu breit für die Lücke ist!
📷 F J Maré

← Behalte immer den Überblick und schätze das Terrain ein.
📷 Touratech

Die korrekte Linie

1 Fahre auf welligem Untergrund nicht zu schnell.

2 Gib nur moderat Gas, um ein durchdrehendes Hinterrad zu vermeiden.

3 Aufstehen hätte in dieser kniffligen Situation vielleicht geholfen, eine bessere Linie zu finden.

📷 Touratech

Viele der auf normales Straßenfahren zutreffenden Prinzipien gelten auch für das Fahren im Gelände. Im Idealfall sollte man eine gewünschte Linie genau fahren können, ohne zu bremsen, sanft vorankommen und in der Lage sein, auf jede mögliche Gefahr zu reagieren. Mitten in der Kurve zu bremsen, hinausgetragen zu werden oder die Traktion zu verlieren, sind Symptome schlechter Kurventechniken.

Das wohl größte Risiko bei Kurven im Gelände ist ein wegrutschendes Vorderrad. Dies liegt meistens daran, dass zu viel Gewicht nach innen verlagert wurde und der Vorderreifen nicht genügend Grip aufbauen kann, um das Motorrad samt Fahrer aufrecht zu halten. Daher muss man sein Gewicht auf beide Seiten verteilen, was am besten über die Füße geht.

Vor der Kurve muss man allerdings wissen, was auf einen zukommt. Das Tempo muss rechtzeitig reduziert sein, indem weit genug vor dem Kurvenscheitel die Vorderradbremse einsetzt. Dann schlägt man die gewünschte Linie ein und bringt sich selbst in die korrekte Haltung, um die Kurve möglichst sanft durchfahren zu können. Denke voraus und versuche, eine Linie zu finden, die zur nächsten Kurve passt.

Schalte das Getriebe vor dem Eintritt in die Kurve in den passenden Gang und ändere ihn vor dem Kurvenausgang möglichst nicht. Wähle für Kurven lieber einen höheren

Kurvenfahren 14

Simon sagt …

- Halte dein Gewicht mithilfe der Füße ausgewogen.
- Fahre sanft durch die Kurve.
- Fahre die Kurve so an, dass dir im Kurvenausgang mehrere Linien zur Verfügung stehen.
- Richte dein Tempo passend zur Übersichtlichkeit ein.

Gang (niedrige Drehzahlen und kluger Kupplungseinsatz) als einen niedrigen (mehr Motorleistung, hohe Drehzahlen und ein möglicherweise durchdrehendes Hinterrad). Eine gute Kupplungskontrolle ist besonders in schwierigen Kurven sehr wichtig.

Wer bei Kurven lediglich an einfache Richtungswechsel denkt, führt wahrscheinlich einen Großteil seiner Kontrolle mithilfe der Hüfte und der Füße durch. Um die Kurve einzuleiten, wird Druck auf die innere Fußraste ausgeübt und die Maschine eingelenkt, um sie in Schräglage zu bringen. Nachdem man seine Linie erreicht hat, muss das Gewicht nach außen verlagert werden, um die Balance zu halten. Das Verlagern des Gewichts nach außen erfolgt zum Teil über den Druck auf die Fußraste, aber auch durch das Anheben des äußeren Ellbogens. Dies erlaubt einem, eine Körperhaltung – und damit die richtige Gewichtsverteilung – über der Außenfußraste einzunehmen. Der andere Ellbogen muss vergleichsweise gerade bleiben, darf aber nicht durchgestreckt werden. Zudem muss man möglichst weit in Richtung des Kurvenausgangs vorausblicken. Das äußere Bein kann abgespreizt werden, um möglichst viel Gewicht nach außen zu bringen. Fährt man im Kurveneingang sitzend, muss das Gewicht nach vorn verlagert und das Innenbein nötigenfalls von der Fußraste genommen werden, um alles auszubalancieren.

Die Grenze ist erreicht, wenn man kein Gewicht mehr zur

↑ **Identische Körperhaltungen und Techniken, aber unterschiedliche Linien und Blickrichtungen**
📷 Thorvaldur Orn Kristmundsson

Verfügung hat, um das Motorrad auszubalancieren. Im Kurvenausgang muss das Beschleunigen sanft und progressiv erfolgen. Verlagere dein Gewicht nach hinten, um die Traktion sicherzustellen, und richte den Blick auf die nächste Kurve.

Die Physik des Kurvenfahrens ändert sich mit zunehmender Geschwindigkeit kaum, sodass man die Grundlagen bei geringem Tempo lernen und sich dann im Gelände immer mehr verbessern kann.

Enge Kurven müssen genauso angefahren werden wie weite, und auch hier geht es darum, den Kurvenausgang mit unterschiedlichen Linien zu erreichen. Ein weit angefahrener Eingang sorgt für den besten Blick voraus in die nächste Kurve, sodass man mehrere Optionen hat, wenn einem etwas entgegenkommt.

Bei nicht einsehbaren Kurven muss das Risiko durch entgegenkommenden Verkehr minimiert werden, indem man langsam fährt. So hat man genügend Raum, falls sich die Kurve zuzieht oder eine andere Gefahr auftaucht.

↓ **Eine schwungvolle offene Kurvenkombination kann großen Spaß bringen.**
📷 Touratech

Weiter Kurveneingang – Optimaler Blick, große Auswahl an Ausgangslinien.
Enger Kurveneingang – Begrenzter Blick, große Auswahl an Ausgangslinien.
Später Kurveneingang – Einigermaßen guter Blick, begrenzte Auswahl an Ausgangslinien.

© Thorvaldur Orn Kristmundsson

Steile Anstiege können auf einer Reiseenduro zu den härtesten Herausforderungen gehören, sodass vor dem Start die Steigung genau studiert werden sollte (ein kleines Fernglas ist hierbei sehr nützlich). Achte auf Hindernisse wie Felsen, Bäume oder andere Dinge, die den Schwung beim Fahren beeinträchtigen können. Das Motorrad auf halber Strecke abzuwürgen und umzukippen, ist nicht unbedingt wünschenswert, und eine Rettung am Hang kann viel Zeit und Kraft kosten.

Ein erfolgreich absolvierter Anstieg hängt hauptsächlich von guter Vorbereitung ab. Ist man mit der Entscheidung zufrieden, muss man sich voll konzentrieren und engagiert sein – und sicher, dass eine Kombination aus der eigenen Fähigkeit, derjenigen des Motorrades und des Untergrundes es gut mit einem meint.

← **Ein perfekter Anstieg**
📷 Touratech

→ **Durch das nach vorn verlagerte Körpergewicht bleibt das Vorderrad am Boden und lenkbar.**
📷 Thorvaldur Orn Kristmundsson

Steile Anstiege

15

Es ist immer gut zu wissen, was einen oben erwartet. Nach einem steilen Anstieg festzustellen, dass oben kein Platz zum Anhalten oder zum Drehen der Maschine ist, oder es gar auf der anderen Seite nur eine Steilwand gibt, sollte vermieden werden.

Bei der Vorbereitung für den Hügel ist der Blick voraus am wichtigsten. Noch vor der Steigung muss ein Punkt am Gipfel angepeilt und die Körperhaltung eingerichtet werden. Nachdem man sich vertraut gemacht hat, wird die gewünschte Linie angegangen, der richtige Gang ausgewählt und der Motor auf Drehzahl gebracht, um genügend Drehmoment für den Anstieg zu liefern. Das Motorrad wird beschleunigen, muss aber auf moderatem Tempo gehalten werden. Vortrieb, Kontrolle und Schwung

Simon sagt…

- Sei konzentriert und engagiert.
- Finde heraus, was dich oben erwartet.
- Erhalte den Vortrieb, die Kontrolle und guten Schwung.
- Versuche immer, das Hinterrad gut greifen zu lassen, damit es nicht durchdreht.

sind die für einen Anstieg entscheidenden Faktoren. Man muss rasch den Untergrund einschätzen und Gas sowie Kupplungseinsatz entsprechend anpassen.

Stehe nötigenfalls auf und verlagere dein Körpergewicht über das Vorderrad. Bei einem kurzen Anstieg kann man sitzen bleiben, doch bei längeren Steigungen sollte man in den Rasten stehen und sein Gewicht so weit wie möglich nach vorn verlagern. Dies optimiert den Schwerpunkt und erleichtert die Kontrolle. Mit der Hüfte vor den Rasten wird das Vorderrad ausreichend belastet, sodass die Lenkfähigkeit sichergestellt ist, und das Hinterrad kann sich für zusätzliche Traktion im Untergrund verbeißen.

Achte immer darauf, den Körper nicht auf dem Lenker abzustützen, da dies die Lenkung beeinträchtigt. Halte die Drehzahlen mithilfe des Gasgriffs immer etwas unterhalb des maximalen Drehmoments, aber lass sie nicht zu weit abfallen. Kann man den Motor in diesem Gleichgewicht halten, wird auch der Schwung reichen, um nach oben zu kommen. Kontrolle und Sanftheit sind für diese Technik entscheidend. Lass die Kupplung schleifen, um den Motor nicht absterben und das Hinterrad greifen zu lassen. Versuche am Berg immer, maximale Traktion und damit Schwung zu erhalten. Ein durchdrehendes Hinterrad liefert keine Traktion, und falls die Drehzahl weiter abfällt, muss heruntergeschaltet werden.

Wenn der Anstieg erfolgreich war, muss daran gedacht werden, nicht über die obere Kante hinaus zu beschleunigen, da man nur geringe Chancen zum Anhalten hat, wenn es auf der anderen Seite steil hinuntergeht (was besonders bei Sanddünen der Fall sein kann).

Eine letzte Anmerkung gilt für das Fahren in Gruppen mit unterschiedlich guten Fahrern. Steile Anstiege sollten immer einzeln angegangen werden. Wenn ein Fahrer stecken bleibt oder gar stürzt, ist für alle folgenden Fahrer der Weg blockiert, sodass sie das gleiche Schicksal erleiden würden.

← **Die ideale Körperhaltung für einen Anstieg**
📷 BMW Motorrad

↓ **Achte bei einem schweren Anstieg immer auf die beste Traktion.**
📷 Dennis Kavish

Rettung am Hang

16

Wenn man am Hang auf halber Strecke feststellt, dass einem der Schwung ausgeht, muss rasch und entschlossen gehandelt werden, um die Situation zu retten. Es gibt zwei mögliche Szenarien: Man kommt normal zum Halten und bleibt auf dem Motorrad – dies ist durchaus möglich, besonders wenn die Spur frei von Hindernissen und Furchen ist. In diesem Fall gibt es eine simple Technik, um wieder voranzukommen. Das zweite Szenario ist komplexer, und man trennt sich tatsächlich vom Motorrad, weil es stehen bleibt oder man aufgrund eines Hindernisses gestürzt ist. Wenn man im ersten Fall noch alles unter Kontrolle hat, hält man an, stützt sich mit dem linken Fuß am Boden ab und sichert das Motorrad mit dem auf dem Bremshebel stehenden rechten Fuß. Nun dreht man den Lenker nach links und löst leicht die Bremse, damit das Motorrad rückwärts nach links rollt. Wenn die Maschine nicht mehr weiterrollen kann, werden beide Bremsen voll betätigt und der Lenker hin und her bewegt. Diese Bewegung bringt das Vorderrad langsam in Richtung bergab. Sobald das Vorderrad unterhalb des Hinterrades steht und im Idealfall etwa 45° zur Spur steht, kann man die Bremsen lösen und den Hang langsam wieder herunterrollen. Nachdem man sich wieder entspannt hat und bevor man einen neuen Anlauf plant, sollte der Grund für das Problem herausgefunden werden.

← Schätze den Anstieg ein, bevor du dir zu viel vornimmst.
📷 Andy Turk

Verliert man im zweiten Fall die Kontrolle über die Maschine und sieht, dass man den Motor an einer zu steilen Stelle abwürgt, kann das der richtige Augenblick sein, sich vom Motorrad zu trennen. Spring ab – im Idealfall zur Seite und so weit weg wie möglich. Wenn du zu Boden gehen musst, versuche, gegen den Berg zu fallen statt den Berg herunter, denn dies kann ernsthafte Konsequenzen nach sich ziehen. Lass das Motorrad herunter und weg von dir fallen – ein kontrollierter Sturz ist immer besser als ein unkontrollierter. In diesem Fall weißt du, dass man es nicht machen darf, solange man noch Schwung hat, doch viele Fahrer versuchen, den Gipfel zu erreichen, obwohl bereits alles verloren ist. Man muss erkennen, wann der Punkt kommt, und damit umgehen. Über den Punkt hinauszugehen, ist nicht sehr vernünftig.

← Selbst die besten Fahrer müssen manchmal aufgeben.
📷 Thorvaldur Orn Kristmundsson

Das Motorrad bergen

1

Ups!

2

Drehe den Lenker in die entgegengesetzte Richtung zum Anschlag.

3

Nutze den Lenker als Hebel und hebe die Maschine damit an.

Simon sagt…

- Reagiere rasch auf alles, was passiert.
- Schätze die Situation ein, bevor irgendwelche Entscheidungen zum Bergen getroffen werden.
- Drehe das Motorrad an seinen »Extremitäten«.
- Stehe immer an der Bergseite.

Wenn du am Berg stürzt, musst du erst einmal tief Luft holen und dich im Fall eines harten Aufpralls auf Verletzungen untersuchen. Erst dann darfst du beginnen, die Situation einzuschätzen. Wenn das Motorrad mit den Rädern nach oben am Hang liegt, muss es zunächst umgedreht werden, sodass die Räder in Richtung Tal liegen. So lässt sich die Maschine leichter und mit weniger Verletzungsrisiko anheben. Achte darauf, dass immer ein Gang eingelegt ist, und halte dich vom Fahrzeug fern. Auf dem Motorrad sitzend einen Fehler zu begehen, kann sehr folgenreich sein, und man kann den Berg herunterfallen, falls man nach dem Sturz in Panik gerät.

Betrachte den Untergrund und entscheide, welches der beste Weg ist, das Motorrad zu drehen. Nutze dazu die Extremitäten wie das Vorderrad, um eine maximale Hebelwirkung zu erreichen. Dies hilft auch, Energie zu sparen. Achte genau auf deinen Brems- und Kupplungshebel, die beim Drehen leicht abbrechen können.

Führe die Manöver vorsichtig durch und drehe das Motorrad an einem seitlichen Punkt des Berges, bis die Räder unten liegen, damit es sich leichter aufheben lässt. Schlage den Lenker ein, stütze dich gut gegen den Hang ab und hebe das Motorrad auf. Stütze die Maschine mit dem Schenkel, falls du sie nicht in einem Schwung aufrichten kannst. Sobald das Motorrad steht, wird der Lenker umgeschlagen, um das Vorderrad bergab zeigen zu lassen. Ggf. die Kupplung gefühlvoll einsetzen, um die Maschine kontrolliert bergab zu führen. Sobald das Vorderrad mindestens 45° nach unten zeigt und der Fluchtweg brauchbar erscheint, darf man wieder aufsitzen und nach unten rollen. Es ist unerlässlich, oberhalb der Maschine zu stehen. Versuche, sie von einer Position weiter unten zu besteigen, sind sehr gefährlich, da sie auf einen stürzen kann. Auf dem Motorrad sitzend, kann man seinen Winkel durch weitere Bewegungen der Lenkung weiter verbessern. Wenn man weit genug herum ist, wird erneut der Fluchtweg überprüft und das Motorrad hinuntergebracht. Hat man Zweifel, oder ist man verletzt, sollte man dabei besser neben der Maschine hergehen und mithilfe der Vorderradbremse und der Kupplung sanft das Tempo kontrollieren.

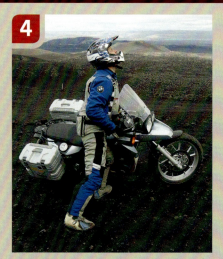

4 Stütze das Motorrad nötigenfalls mit dem Bein ab.

5 Hebe die Maschine in eine stabile Position.

6 Lege fest, welchen Weg du heruntergehen möchtest.

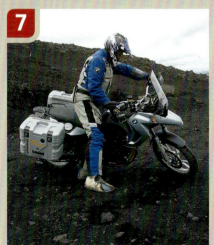

7 Nutze Schrägen, um das Motorrad rückwärtsrollen zu lassen.

8 Lasse die Maschine vorwärts herunterrollen, um den Fluchtweg zu finden.

9 Stehe immer oberhalb der Maschine, steig auf und rolle herunter!

Steile Abhänge können schon auf normalen Motorrädern bedrohlich wirken, besonders, wenn der Untergrund locker oder rutschig ist. Stellt man sich nun eine schwere Reiseenduro samt Gepäck vor, nimmt die Sache eine neue Dimension an. Das gesamte Manöver erfordert Einsatz, Vertrauen und den Glauben daran, dass einen das Motorrad heil herunterbringt. Absolut wichtig dabei ist, dass das Motorrad ständig lenkbar bleibt und möglichst viel Traktion aufrechterhalten bleibt.

Wenn man mit der Abfahrt beginnt, fühlt man, dass die Maschine die ersten Meter regelrecht herabstürzt, doch bald wird die Motorbremse einsetzen und den Sturz bremsen. Die Wirkung der Motorbremse darf nicht unterschätzt werden, doch es erfordert auch Vertrauen, sich

➔ **Bergab wünscht man sich an seinem Motorrad kein Gramm zu viel.**
📷 Yamaha

Simon sagt ...

- **Behalte ständig die Lenkung unter Kontrolle.**
- **Nutze die Motorbremse, um den vorhandenen Grip auszunutzen.**
- **Betätige nicht die Vorderradbremse.**
- **Bleibe am Abhang locker und entspannt.**

Steile Abhänge

17

auf einem sehr lockeren Abhang ausschließlich darauf zu verlassen.

Es ist unwahrscheinlich, dass der Abhang im ersten Gang gefahren wird, doch je nach Gefälle und Gefühl kann es sehr empfehlenswert sein, möglichst langsam zu fahren. Beachte jedoch, dass der Motor trotz geschlossenen Gasgriffs und niedriger Drehzahlen nicht ausgehen darf, solange man nicht anhält.

Unterstützt man die Motorbremse durch die dezent eingesetzte Fußbremse, kann man herausfinden, wie viel Grip vorhanden ist. Die Traktion selbst ist eine echte Hilfe zur Einschätzung des Terrains und des Reifens sowie deren Zusammenarbeit. Beim Bremsen verlagert sich Gewicht vom Hinterrad auf das Vorderrad. Es besteht immer die Verlockung, heftig die Vorderradbremse zu betätigen, um das Tempo zu verringern, doch führt dies meistens zum Blockieren und einem Sturz oder gar Überschlag. Die Vorderradbremse darf nur sehr vorsichtig und mit dem Zeige- und dem Mittelfinger betätigt werden. Bald wird man den Punkt fühlen, an dem man zu hart zieht und das Vorderrad zu blockieren und rutschen droht.

Es ist ebenfalls leicht, das Hinterrad zu blockieren und dadurch die Bremswirkung zu verlieren. Die Hinterradbremse sollte

Abhänge

1 Fahre vorsichtig an den Rand.

2 Beurteile die Strecke.

3 Sei in der Lage, Hindernissen oder Kanten auszuweichen.

← Wenn du auf dem Motorrad sitzend unten ankommst, ist es ein großartiger Hang!
📷 Rawhyde Adventures

↓ Manchmal ist es sicherer, das Motorrad zu Fuß nach unten zu führen.
📷 F J Maré

möglichst nur dazu genutzt werden, um Gewicht auf das Vorderrad zu bringen.

Ein verbreiteter Fehler besteht darin, über den Rand des Abhangs zu kommen und herunterzufahren, ohne sich zu vergewissern, wie steil dieser ist, und unverzüglich in die Bremse zu greifen. Das Vorderrad blockiert, und sämtliche Kontrolle ist in Sekunden verloren. Wenn dies passiert, ist es wichtig, die Bremse rasch wieder zu lösen und den Reifen greifen zu lassen. Eine nur leicht betätigte Bremse ist der Schlüssel für einen erfolgreichen Abstieg. Durch eine schrittweise Belastung der Gabel und des Vorderrades wird die Bremswirkung maximiert, und man kann einfacher anhalten, ohne wegzurutschen.

Während die Maschine heruntergelenkt wird, müssen die Arme locker und entspannt bleiben und das Motorrad nötigenfalls mit den Knien gepackt werden. Versuche, den Körper so weit wie möglich nach hinten zu verlagern, damit die Arme nicht zu viel Gewicht tragen müssen und nicht so schnell ermüden.

Halte den Blick voraus auf das Ende des Abstiegs, und bereite dich auf die Ebene vor, die von einer Kreuzung bis zu einer Rampe oder einem Graben alles bieten kann.

4 Wäge ständig neu ab, und kontrolliere deine Route.

5 Gleichmäßiges und stetiges Bremsen ist der Schlüssel, um sicher nach unten zu kommen.

6 Plane, was am Ende der Abfahrt getan werden muss.

📷 Greg Baker

▼ **Auf diesem Terrain sind Furchen eine wahre Freude.**
📷 Thorvaldur Orn Kristmundsson

Das sichere Fahren in Furchen ist wahrscheinlich eine der schwierigsten Techniken. Flache, matschige Furchen können ein wahrer Albtraum sein, denn das Vorderrad kann herumrutschen und das Ausbalancieren sehr schwer machen – noch schlimmer ist es, wenn beide Räder in verschiedenen Spuren rollen. Hier muss Gewicht nach vorn verlagert werden, um dem Rad einen guten Grip und die Lenkbarkeit zu ermöglichen und es in der Furche zu positionieren. Wenn es nicht zu gefährlich ist, sollte im Stehen gefahren werden. So kann man auf den Fußrasten balancieren und hat einen guten Blick nach vorn. Fahre in einem hohen Gang mit geringen Drehzahlen. Wer in Panik gerät und das Gas schließt, wird wahrscheinlich vorn wegrutschen und stürzen – behalte also Schwung, indem du sanft Gas gibst. Auf diese Weise wird das Hinterrad ausreichend Vortrieb liefern, ohne dass dabei das Vorderrad den Grip verliert. Wenn die Furchen tief sind, müssen die Füße so nahe wie möglich am Motorrad gehalten werden, damit sie nicht den Rand der Furche berühren. Als letztes Mittel darf man sich nicht scheuen, mit den Füßen zu paddeln, denn diese Technik kann tatsächlich helfen, Energie zu sparen.

Hat man die Füße auf den Rasten, müssen sie leicht nach hinten versetzt werden, damit sie bei einem Zusammenstoß mit einem Hindernis nur nach hinten gedrückt, statt schmerzhaft eingequetscht zu werden. Dies erlaubt einem zudem etwas mehr Finesse beim Balancieren. Der beste Umgang mit Furchen liegt jedoch darin, sie zu vermeiden und sich einen Weg daneben zu suchen.

Das Überqueren von Furchen und anderen Barrieren erfordert eine völlig andere Technik. Zunächst muss das Hindernis genau eingeschätzt werden. Fühlt man sich sicher, ist es unerlässlich, eine Furche oder Kante möglichst rechtwinklig und senkrecht zu überqueren. Bei einer schrägen Anfahrt besteht die Gefahr, das Hinterrad in die Furche springen und das Vorderrad unter einem weggleiten zu lassen.

Die korrekte Technik erfordert eine relativ aggressive Herangehensweise, wobei der nach hinten verlagerte Körper das Heck belastet. Kombiniert man dies mit einem kräftigen Dreh am Gasgriff, sollte das Vorderrad leicht

Furchen und Hindernisse 18

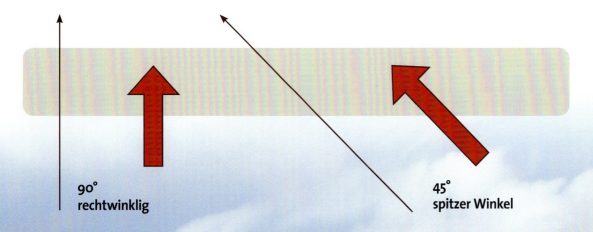

90°
rechtwinklig

45°
spitzer Winkel

genug werden, um es über die Furche »schweben« zu lassen, während das Hinterrad den nötigen Schub liefert. Sobald man drüben ist, wird das Gas wieder geschlossen und das Gewicht nach vorn verlagert, um maximale Kontrolle auf die Lenkung auszuüben. Baumwurzeln und ähnliche Hindernisse erfordern eine ähnliche Technik, die sich nur darin unterscheidet, dass man nach dem Überqueren möglichst viel Gewicht nach vorn verlagern muss, um das erleichterte Hinterrad besser über das Hindernis rollen zu lassen.

Ein Graben erfordert einen gewissen Grad an Vertrauen und Können. Wieder muss man beherzt eingreifen, aber noch etwas mehr Gas geben, um beim Erreichen der Kante das Vorderrad anzuheben. Richtig ausgeführt, wird das

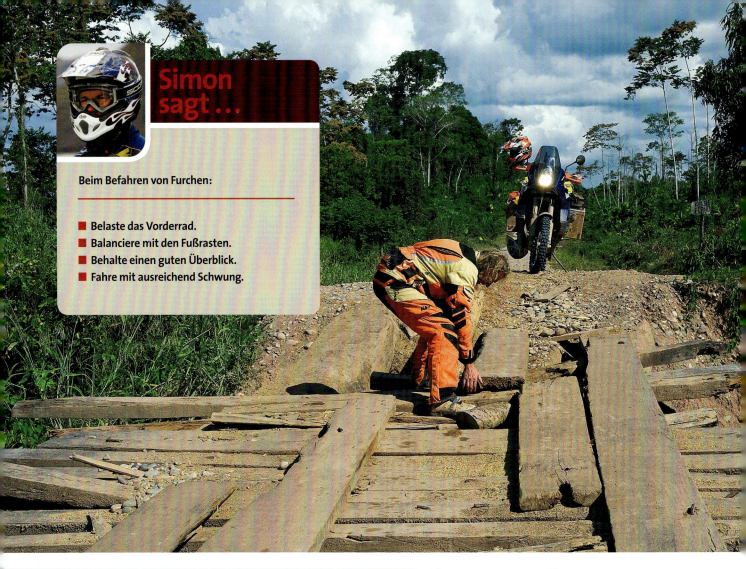

Simon sagt …

Beim Befahren von Furchen:

- Belaste das Vorderrad.
- Balanciere mit den Fußrasten.
- Behalte einen guten Überblick.
- Fahre mit ausreichend Schwung.

↑ Nutze jede Gelegenheit, um deine Erfolgschancen zu verbessern!
📷 Joe Pichler

← Schau nach dem richtigen Weg!
📷 Adam Lewis

Vorderrad auf der anderen Seite landen und der Schwung des Motorrades ausreichen, um das Hinterrad vollständig aufs andere Ufer zu ziehen. Besteht irgendein Zweifel darüber, dass der Graben überquerbar ist oder man ausreichende Fähigkeiten besitzt, um herüberzukommen, ist es empfehlenswert, eine andere Stelle zum Überqueren zu finden oder einfach neben dem Motorrad herzulaufen. Zweifellos wird irgendwann der Zeitpunkt kommen, an dem man vor einer Stufe oder Kante steht. Das Erklettern einer Stufe ist nicht einfach und sollte nur ausgeführt werden, wenn man sicher ist, es zu schaffen. Es erfordert ein hohes Maß an Geschick, Timing und Mut. Wenn eine Stufe höher als 50 bis 60 cm ist, wird ein Anstieg mit einer Reiseenduro sehr schwierig, und man sollte einen anderen Weg finden. Falls es jedoch unumgänglich ist, muss die Anfahrt an die Stufe langsam, kontrolliert und absolut rechtwinklig und senkrecht in der Angriffsposition erfolgen. Dabei muss das Vorderrad mithilfe des Gasgriffs und

der Kupplung gerade so hoch gezogen werden, dass es über die Stufe kommt.

Der »Wheelie« muss ein paar Meter vor der Stufe eingeleitet werden, damit das Hinterrad genügend Schwung hat, diese ebenfalls zu überwinden. In dieser »Galeriestellung« muss versucht werden, so viel Gewicht wie möglich auf die Front zu verlagern, sobald das Motorrad die Kante erreicht. Wenn alles richtig verläuft, wird die Motorschutzplatte gegen die Kante schlagen und das Motorrad an dieser Stelle regelrecht herumschwenken, sodass das Vorderrad auf der höheren Ebene wieder den Boden berührt. Nun muss der Schwung ausreichen, dass das Hinterrad an der Kante greift und sich hocharbeiten kann. Atme kurz durch und fahre dann weiter.

Eine Stufe herunterzufahren, ist etwas einfacher, erfordert aber ebenfalls ein gewisses Maß an Können und Vertrauen. Wenn die Kante nicht so steil ist, dass die Motorschutzplatte aufsetzt, sollte sie möglichst so angegangen werden wie ein steiler Abhang – also mit dem Körper nach hinten verlagert, wenig Gewicht auf dem Vorderrad und dem einfachen Abrollen über die Kante. Ist die Stufe prägnanter ausgeführt, muss eine andere Technik eingesetzt werden. In diesem Fall ist es Ziel, auf beiden Rädern zu landen, damit der Aufprall besser verteilt wird und die Weiterfahrt besser kontrollierbar bleibt.

Wann immer möglich, muss die Kante zuvor begutachtet werden, damit man sichergehen kann, dass unten keine Überraschung auf einen wartet. Um bei der Landung die Kontrolle zu behalten, ist eine absolut senkrechte Anfahrt unerlässlich. Kurz vor dem Absprung muss genügend Gas gegeben werden, um das Vorderrad vollständig zu entlasten. Wenn das Manöver korrekt gelingt, bleibt das Motorrad in einer waagerechten Ebene, während das Hinterrad weiter für Vortrieb sorgt. Der Schwung der Maschine wird sie über die Kante rollen und auf beiden Rädern landen lassen.

Es muss berücksichtigt werden, dass diese Techniken zu heftigen Stößen führen und starke Kräfte und Belastungen ins Motorrad einleiten, die zu Brüchen oder Rissen am Fahrwerk oder Koffertragern führen können, sodass es überlegenswert ist, zuvor sämtliches Gepäck zu demontieren.

↑ **Manchmal ist es besser, nicht anzuhalten!**
📷 Chris Smith/Liz Peel

↓ **Welchen Weg sollte man nehmen?**
📷 Dennis Kavish

- 🟩 **Linke Seite** – Gut befahren, aber mit unbekannten Wasserlöchern.
- 🟥 **Mitte** – Direkt, aber durch tiefe Furchen begrenzt.
- 🟧 **Rechte Seite** – Anfangs mit einer zu querenden Furche, danach jedoch eben und trocken.

Rettung im Sand

1 Beurteile deine Position, halte nach festerem Boden Ausschau.

2 Ziehe die Räder auf festeren Boden.

3 Stabilisiere das Motorrad.

Probleme meistern 19

Irgendwann wird man auf seiner Reise in Schwierigkeiten geraten. Abgesehen von technischen Defekten, werden die meisten möglichen Probleme darin liegen, dass man im Schlamm oder Sand versinkt, in einer Vertiefung stecken bleibt oder bei einer Gewässerquerung der Motor abstirbt. Manche davon sind leicht lösbar, doch andere erfordern zunächst etwas Überlegung. Was hier folgt, ist längst keine vollständige Liste, doch weil Enduroreisende normalerweise einfallsreiche Kerle sind, werden sie auch so einen Weg finden, um aus Schwierigkeiten herauszukommen.

Sand oder Schlamm

Die häufigste Situation, in der man sich wahrscheinlich wiederfinden wird, ist ein bis zur Achse vergrabenes Hinterrad, nachdem versucht wurde, im weichen Untergrund Traktion zu finden. Das Rad durchdrehen zu lassen, verschlimmert die Situation, weil man sich immer tiefer eingräbt. Schlamm absorbiert Kraft – sowohl die des Fahrers als auch Motorleistung, wenn beide versuchen, Grip zu finden. Nachdem man angehalten und sich einen Moment gesammelt hat, muss entschieden werden, wie es weitergeht. Wenn es extrem schwierig wird, kann es nötig werden, Gepäck zu entfernen, um das Hinterrad zu entlasten und es nicht noch weiter einsinken zu lassen. Nun stellt man sich rittlings über das Motorrad mit beiden Füßen auf den Boden, um die Maschine zu entlasten. Falls dies nicht möglich ist, stellt man sich so auf eine Seite, dass der Gasgriff und die Kupplung kontrollierbar bleiben. Bei laufendem Motor wird stetig Gas gegeben und das Motorrad mithilfe der Kupplung in der Furche vor und zurück bewegt. Hat man schließlich einen guten Rhythmus und ausreichend Schwung aufgebaut, lässt man die Maschine aus dem Loch herausklettern und so lange vorwärtsrollen, bis sie auf einem festeren Untergrund wieder bestiegen werden kann. Benötigt man Hilfe, muss darauf geachtet werden, dass die Maschine nur nach vorn – aber nicht nach unten – gedrückt werden darf.

In Sand stecken zu bleiben, erfordert eine etwas andere Bergetechnik. Wahrscheinlich wird man bei einem Versuch, einen tiefen Bereich zu durchqueren, mit dem eingegrabenen Hinterrad stecken geblieben sein. Auch hier sollte überlegt werden, das Gepäck zu demontieren, um das Heck zu erleichtern, denn die Bergung erfordert ein leichtes Anheben der Maschine. Die Technik beinhaltet, das Motorrad auf eine Seite zu drücken, damit das vergrabene Rad aus dem Sand herauskommt. Anschließend wird das Loch mit Sand aufgefüllt und dieser festgetreten, damit er das Maschinengewicht hält. Ist der Sand weiterhin zu weich, müssen Gestrüpp oder Laub (falls vorhanden) oder gar Bekleidungsstücke hinzugefügt werden, um dem Reifen Halt und Grip zu geben, den er zum Antreiben der Maschine benötigt. Damit sich das Vorderrad bei der Bergung nicht eingräbt, muss man sich so weit wie möglich nach hinten verlagern und ausreichend Gas geben, um es leicht zu halten. Hat man es auf einen festen Unter-

← Gehe neben dem langsam rollenden Motorrad her, bis fester Untergrund erreicht ist.
📷 Thorvaldur Orn Kristmundsson

4 Nutze den Lenker als Hebel.

5 Hebe die Maschine an und stelle sie hin.

6 Drehe die Lenkung zum gegenüberliegenden Anschlag und steige auf.

grund geschafft, wird angehalten und alles Zurückgelassene eingesammelt.

Senken

Irgendwann fährt man in einer Senke, die weder einen Ausgang hat noch genügend Platz zum Wenden. Nun bekommt man die Chance, das Motorrad anheben und über den Rand heraushieven zu dürfen. Dies wird nicht einfach, selbst wenn man genügend Kraft besitzt und sogar Seile dabeihat. Das wichtigste Anliegen muss immer die Sicherheit der beteiligten Personen sein, sodass ständige Vorsicht geboten ist. Falls es nicht möglich ist, die Maschine herauszuheben, muss versucht werden, sie senkrecht auf das Hinterrad zu stellen und herumzuschwenken, um sie zu wenden.

Gewässerquerungen

Das größte Risiko beim Durchqueren von Gewässern liegt darin, das Motorrad komplett untergehen zu lassen – es also regelrecht zu ertränken. Wenn dies geschieht, dringt Wasser in den Luftfilter und vielleicht sogar den Motor ein, sodass dieser unverzüglich – und hoffentlich ohne Beschädigungen – stehen bleibt. Das Bergen wird schwierig, und man muss aufpassen, kein Opfer der Strömung zu werden. Nachdem das Motorrad wieder an Land ist, wird damit begonnen, das Wasser aus dem Motor zu entfernen. Wasser ist nicht komprimierbar, und selbst wenn sich nur kleine Mengen davon im Zylinder befinden, während

Das Motorrad heraushieven

1 Versuche, das Motorrad so weit wie möglich mit Motorkraft zu bewegen.

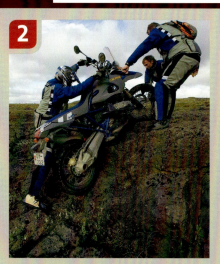

2 Nimm jede Hilfe an, die zu bekommen ist, …

3 … um das Motorrad auf ebenes Terrain zu ziehen.

© Thorvaldur Örn Kristmundsson

der Motor gedreht wird, besteht die große Gefahr, dass sich das Pleuel verbiegt und das Triebwerk komplett überholt werden muss. Daher darf der Kickstarter oder der Anlasser nur betätigt werden, nachdem die Zündkerze(n) herausgeschraubt worden ist/sind. Wenn sich bei einer Kontrolle des Luftfilters herausstellt, dass dieser nass ist, muss das Filterelement ausgebaut und getrocknet werden. Auch alle Zündkerzen müssen trocken sein.

Nachdem dies alles erledigt ist, kann der Motor durchgedreht werden, um das restliche Wasser herauszudrücken. Der Kickstarter muss mindestens 50-mal getreten werden, der Anlasser sollte etwa 30 Sekunden betätigt werden. Wenn man sicher ist, dass sämtliches Wasser den Zylinder verlassen hat, werden die Zündkerze und der Luftfilter wieder installiert und versucht, den Motor zu starten. Mit etwas Glück springt die Maschine wieder an und man kann weiterfahren, andernfalls wird auch Wasser in die Elektrik eingedrungen sein, sodass diese mühsam getrocknet werden muss. Um an die Zündspule(n) zu gelangen, muss meistens der Tank demontiert werden. Alle infrage kommenden Steckerbindungen müssen getrennt, ausgeblasen und möglichst mit wasserverdrängendem Sprühöl (z. B. WD-40) behandelt werden – dies gilt auch für den/die Kerzenstecker. Wenn kein technischer Defekt aufgetreten ist, sollte der Motor anspringen. Es ist ratsam, ihn einige Minuten laufen zu lassen, doch sollte kontrolliert werden, ob nicht zu viel Wasser ins Motoröl gelangt ist. Ist dies der Fall, kann versucht werden, das Motorrad auf die Seite zu neigen, um das Wasser aus dem Öleinfüllstutzen auslaufen zu lassen. Wenn sich im Motor kein Wasser mehr befindet, kann weitergefahren werden, doch sollte man nach einigen Kilometern den Einfüllstopfen kontrollieren – ist viel Wasser ins Öl geraten, hat sich hier eine milchige Paste abgesetzt, die sich wahrscheinlich auch im Ventildeckel und dem Öltank (falls vorhanden) befindet. Solch kontaminiertes Öl muss möglichst bald gewechselt werden, um das Risiko von verstopften Kanälen und damit schweren Motorschäden zu verringern.

↑ **Training und eine praktische Stütze lassen diesen Radausbau leicht aussehen.**
Touratech

↖ **Hier reichen auch keine wasserdichten Stiefel mehr aus.**
Danny Burroughs

↑ Die einfachste Methode, Treibstoff zu beschaffen.
📷 Touratech

Reifenpannen

Dies sind unberechenbare Gefahren, und man kann tausende Kilometer pannenfrei fahren, doch bei einer kurzen Etappe unter Akazienbäumen jeden Kilometer einen Plattfuß erleiden. Auch wenn es anfangs abschreckt – das Flicken eines Reifens ist nach einiger Übung nicht allzu schwierig. Eine Trockenübung zu Hause kann sehr hilfreich sein. Wenn das Motorrad keinen Hauptständer besitzt, muss man es mit einem Koffer unter der Ölwanne oder einem Holz unter der Beifahrerfußraste oder der Schwinge abstützen. Dann macht man sich mit dem Ausbau des Rades vertraut und lernt, wie der Reifen von der Felge gehebelt wird. Vergiss nicht, dein Reparaturset leicht zugänglich einzupacken.

Den Tank leer fahren

Dies will niemand erleben – besonders wenn man allein in einer unbekannten Gegend unterwegs ist. Während der Planungsphase muss auch auf Tankstellen geachtet werden, sodass man in der Lage ist, die Entfernung zum nächsten Benzindepot zu bestimmen. Wenn es eine akzeptable Distanz ist, und man keine Probleme damit hat, sein Motorrad ein paar Stunden allein zu lassen, sollte man zu Fuß losgehen. Im nächsten Ort wird man jemanden mit einem Fahrzeug finden, der Benzin besorgen und einen zurückbringen kann. Andernfalls muss man wahrscheinlich warten und das nächste Fahrzeug anhalten, um mitgenommen zu werden.

Straßenrand-Reparaturen

Irgendwelche Arbeiten am Straßenrand zu erledigen, gehört zu den Dingen, die jeder Abenteuerfahrer irgendwann einmal (oder öfter) erledigen muss. Doch egal, was kaputtgegangen ist, man darf keine Angst vor einem Flickversuch haben – wenn etwas bereits defekt ist, wird man die Sache wahrscheinlich nicht noch schlimmer machen können. Ein gebrochener Kofferträger kann übergangsweise mit einem in beide Rohrhälften gesteckten Ast und Klebeband fixiert werden. Ein gerissenes oder leckgeschlagenes Motorgehäuse kann mit Kaltschweißkleber geflickt werden. Eine durchgebrannte Sicherung lässt sich durch eine Drahtlitze ersetzen – aber erst, wenn man den Grund für ihr Durchschmelzen gefunden hat.

Das Motorrad aufheben

1 Ein ungeplantes Manöver.

2 Nimm dir etwas Zeit, um die Situation zu überdenken.

3 Greife den Lenker am Ende.

Das Motorrad aufheben

Niemand möchte gern sein Motorrad zu Boden werfen, doch es ist auch niemand davor gewappnet, es nicht doch zu tun. Ein Motorrad wieder aufzurichten, kann mühsam sein – solange man nicht die einfache Methode kennt! Zuallererst muss einen Moment durchgeatmet werden, bevor man beginnt. Wahrscheinlich wird man zunächst wütend darüber sein, dass es einem passiert ist, doch vielleicht ist man auch nur erschöpft. Niemals darf versucht werden, es überstürzt von der Seite anzuheben – dies wird nur in einer Bauchmuskelzerrung oder mit Rückenproblemen enden. Nimm dir Zeit, die Situation zu überblicken und dich vorzubereiten, sowie den Bereich um das Motorrad herum von Hindernissen zu befreien.

Stelle sicher, dass du genügend Platz für dich selbst und das Motorrad hast. Wenn die Maschine auf der rechten Seite liegt, wird der erste Gang eingelegt, damit sich das Hinterrad beim Anheben nicht bewegt; liegt es auf der linken Seite, muss die Vorderradbremse gezogen werden. Drehe den Lenker nach links, wenn die Maschine auf der linken Seite liegt – und nach rechts, wenn sie nach rechts liegt. Klappe möglichst den Seitenständer aus. Entferne nötigenfalls schweres Gepäck.

Methode 1: Wende dich dem Motorrad zu und umschließe das untere Lenkerende mit den Händen, um eine maximale Hebelwirkung zu erzielen. Die Lenkung muss vollständig eingeschlagen sein. Halte deinen Rücken in der klassischen Hebehaltung gerade, die Arme ebenfalls und beginne ausschließlich mit den Beinmuskeln, das Motorrad anzuheben. Wenn du stark genug bist, es in einem Zug zu erledigen, darfst du dies tun, andernfalls kannst du die Maschine kurzzeitig auf dem Oberschenkel abstützen, um einmal umzugreifen.

Methode 2: Wende dich vom Motorrad ab und hocke dich hin, sodass dein Hintern gegen die Sitzbank drückt. Greife hinter dir mit einer Hand den Lenker und der anderen den Beifahrergriff (oder Gepäckträger). Strecke deine Arme durch und beginne, dich mithilfe der Oberschenkelmuskeln nach hinten zu drücken und das Motorrad anzuheben – achte dabei darauf, es nicht zur anderen Seite zu werfen!

↑ Der Rückwärtshebeversuch wäre ohne Gepäck noch etwas einfacher gegangen.
📷 Chris Smith/Liz Peel

Nutze den Punkt der maximalen Hebelwirkung.

Beginne, das Motorrad aufzurichten.

Stütze die Maschine nötigenfalls mit dem Knie und dem Oberschenkel ab.

Spezialtechniken

📷 Thorvaldur Orn Kristmundsson

Je mehr man fährt, desto größer werden die Herausforderungen, die einem begegnen. Mit einem guten Verständnis für die im vorherigen Kapitel beschriebenen wesentlichen Fähigkeiten ist man bereits gut für die meisten Unwägbarkeiten auf der Strecke vorbereitet. Doch sobald man die Haupttechniken beherrscht, will man meistens bald damit beginnen, die Grenzen etwas weiter zu setzen – und hier kommen die Spezialtechniken zum Einsatz. Vom Fahren bei hohem Tempo über Sprünge und Driftbremsmanöver beschreibt dieses Kapitel diejenigen Spezialkenntnisse, die einen – einmal erlernt – auf die nächste Fähigkeitsebene bringen.

Wahrscheinlich wird man nur stürzen und sich verletzen, wenn man eine dieser Techniken ausprobiert, ohne die essenziellen Fähigkeiten gut verstanden zu haben, die zum Fahren überhaupt nötig sind. Zu Beginn ist eine vorsichtige Herangehensweise unerlässlich, im Idealfall sollte ein professionelles Trainingszentrum besucht werden, um die verschiedenen Techniken in einer kontrollierten Umgebung zu perfektionieren. Du wirst überrascht sein, wie rasch deine Lernkurve nach oben zeigt.

Wenn man dann vertrauensvoll die Maschine beim Beschleunigen im Powerslide gegenlenken kann oder total entspannt mit hohem Tempo unterwegs ist, eröffnet sich eine völlig neue Dimension des Enduroreisens. Man wird mit mehr Selbstvertrauen fahren, weitere Entfernungen in kürzerer Zeit schaffen und Herausforderungen annehmen, die man zuvor niemals in Erwägung gezogen hat.

Hohes Tempo	**120**
Driftbremsungen in Kurven	**124**
Powerslides	**126**
Schräge	**130**
Sprünge	**134**
Dakar: Die ultimativen Abenteuerfahrer	**138**

Simon sagt …

- Die »Attacke«-Position macht dich reaktionsschneller.
- Versuche, dein Gewicht in der Mitte zu halten.
- Schaue weit nach vorn auf deine Linie.
- Genieße es!

Fahren mit hohem Tempo kann richtig viel Spaß machen. Es ist anregend und es ist gefährlich. Und es gibt nur wenige bessere Vertreter dieser Technik als die Topfahrer der Rallye Dakar. Es dauert etwas, bis man genügend Erfahrung hat, um mit gutem Selbstvertrauen schnell zu fahren, und man muss sich immer daran erinnern, dass es beim Enduroreisen eher darum geht, möglichst weit zu kommen, statt möglichst schnell zu sein.

Die meisten Fortgeschrittenentechniken aus diesem Buch entstehen von allein, während sich die eigenen Fähigkeiten verbessern. Doch wenn man übereifrig versucht, schnell zu fahren, ohne über die nötigen Fähigkeiten darüber zu verfügen, was zu tun ist, wenn etwas schiefgeht, kann dies zu ernsthaften Konsequenzen führen. Es ist also immer besser, die Kenntnisse und Techniken auf natürliche Weise entstehen zu lassen.

Für einen optimalen Blick muss im Stehen gefahren werden – die dazu nötige Körperhaltung lässt sich am besten als »Hochgeschwindigkeits-Attackeposition« beschreiben. Dies bedeutet, dass man in der neutralen Haltung nach vorn gebeugt sein muss. Sie verbessert die Sicht, belastet die Front, um das Motorrad stabil zu halten (sehr wichtig, wenn man bei hohem Tempo auf einen Gegenstand trifft) und hilft, sich gegen den zunehmenden Fahrtwind stemmen zu können. Ein fester Griff am Lenker sorgt für weitere Stabilität. Bedenke, dass Fahren bei hohem Tempo bedeutet, dass alles etwas schneller geht und Dinge rascher auf einen zukommen – also muss man auch sehr schnell reagieren.

Es ist unerlässlich, dass man das Motorrad bei hohem Tempo völlig unter Kontrolle hält und die Geschwindigkeit an die Bedingungen anpasst – schließlich ist es nicht mög-

Hohes Tempo 20

← Vulkansand-
pisten auf Island
sind ideales
Gelände, um
schnell zu fahren.
📷 Thorvaldur Orn
Kristmundsson

↑ Sandig – aber
topfeben. Augen
auf und laufen
lassen!
📷 Touratech

Schnelles Fahren auf Sand

1
Versuche, flexibel zu bleiben, wenn du auf weichen Untergrund triffst.

2
Sei darauf vorbereitet, dass sich dein Motorrad unter dir bewegt.

3
Richte den Blick voraus und halte deine Ellbogen gebeugt.

⬅⬅ **Die stehende Position bringt gute Stabilität und einen perfekten Blick voraus.**
📷 Waldo van der Waal

⬇ **In Sachen Grip und Traktion ist von Schnee nicht sehr viel zu erwarten!**
📷 Thorvaldur Orn Kristmundsson

lich, genauso schnell über Steine und Sand zu fahren, wie man es auf Schotter machen kann. Im Sand muss man sein Gewicht weiter nach hinten verlagern und den Lenker gut festhalten, da sich die Front auf dem lockeren Boden bewegt. Dies vor Augen, muss man permanent innerhalb seiner Grenzen fahren, denn ein Sturz bei hohem Tempo bedeutet meist ein hohes Verletzungs- und Schadensrisiko. Übermut sorgt schnell dafür, dass Dinge aus dem Ruder laufen. Um alles unter Kontrolle zu halten, muss man weit vorausdenken, dafür benötigt man gute Beobachtungskenntnisse. Und wenn man noch schneller fährt, müssen der Blick und die Gedanken noch weiter voraus gerichtet sein.

Verschiedene Dinge, darunter auch Versuche, sich während der Fahrt zu orientieren, können die Kontrollfähigkeit über das Motorrad und den konzentrierten Blick voraus negativ beeinflussen. Immer wieder das Terrain zu beobachten und dann den Blick auf das Navigationsgerät oder andere Instrumente zu richten, ist eine anspruchsvolle Aufgabe und selbst ein Geschick. Rallye-Profis nehmen das Gas etwas zurück, bevor sie auf ihr Roadbook schauen, um auf unerwartete Dinge reagieren zu können.

Man muss ständig munter und wachsam sein und auf Tiere, Furchen, Schlaglöcher und andere Gefahren achten. Nutze möglichst die sicherste Route, um Hindernisse zu vermeiden, und ändere ständig deine Linie, um so sanft wie möglich voranzukommen.

Fahren mit hohem Tempo ist körperlich anstrengend und erfordert auf längeren Strecken einen kräftigen Oberkörper, um die Maschine wieder auf Linie zu bringen, falls sie durch ein Hindernis aus der Bahn gebracht wurde. In einem solchen Fall hilft es, den Gasgriff offen zu halten.

Auf unwegsamem Gelände wird man wahrscheinlich nicht in der Lage sein, längere Strecken schnell unterwegs zu sein, sodass man sichergehen muss, langsamer werden und gar anhalten zu können, sobald man Erschöpfung feststellt – andernfalls erhöht sich extrem das Risiko, einen Unfall zu erleiden.

Versuche, dein Gewicht so weit wie möglich nach hinten zu verlagern.

Setze selbstbewusst den Gasgriff ein, um das Vorderrad leicht zu halten …

… sodass es dich sicher über den Sand trägt.

📷 Thorvaldur Orn Kristmundsson

123

Simon sagt...

- Fahre die Kurve in einem niedrigen Gang und in der nach vorn gerichteten Attackeposition an.
- Bringe Gewicht aufs Vorderrad und behalte die Lenkung unter Kontrolle.
- Tritt hart auf das Bremspedal, um die Maschine im Scheitelpunkt herumschnalzen zu lassen.
- Löse nach dem Kurvenscheitel die Bremse und beschleunige aus der Kurve heraus.

Driftbremsungen in Kurven

1
Erreiche die Kurve mit einem guten Tempo.

2
Lenke ein und belaste die äußere Fußraste.

3
Verlagere das Gewicht nach vorn, bevor du die Fußbremse betätigst.

Driftbremsungen in Kurven 21

Driftbremsungen haben ihren Ursprung im Motocross und anderen Geländesportarten, wo die Fahrer sich auf die Innenbahn begeben wollen, um einen Vorausfahrenden zu überholen. Das Manöver kürzt die Kurve ab und/oder verlängert die kommende Gerade. Nutze diese Technik nur in langsamen und scharfen Kurven, die weder Furchen noch andere Hindernisse aufweisen.

Das Manöver eignet sich nicht unbedingt für große Reiseenduros, und während einer Abenteuerreise sollte es nur genutzt werden, um in knappen Situationen oder auf begrenztem Raum die Richtung zu ändern.

Um Driftbremsungen zu üben, muss zuerst versucht werden, auf einer glatten Fahrbahn ein moderates Kurventempo zu erreichen. Hat man hierfür ein Gefühl entwickelt, nutzt man schrittweise seinen Körper – entweder in der sitzenden oder der stehenden Position –, um das Heck nach links oder rechts ausbrechen zu lassen, während man die Maschine abbremst. Hierbei wird man feststellen, dass man den Körper etwas verdrehen muss.

Obwohl nicht besonders schwierig auszuführen, muss der Drift zeitlich gut abgestimmt werden, damit man mit der seitlichen Bewegung endet und eher mit dem Beschleunigen beginnen kann, als dies auf der normalen Kurvenbahn möglich wäre. Das Motorrad muss so schnell wie möglich wieder aufgerichtet werden, um mit der besten Traktion beschleunigt werden zu können, ohne dabei wegzurutschen.

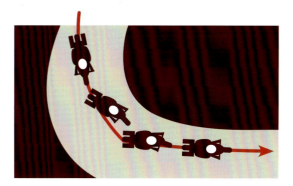

← Lenke in die Kurve ein, sobald das Hinterrad ausbricht.

Im Wesentlichen geht es darum, dass die Dynamik das Motorrad beim Erreichen der Kurve auf einer relativ geraden Bahn halten will, sodass die Übung etwas Input durch den Fahrer erfordert. Man braucht Vertrauen und besonders bei einer großen Reiseenduro einen entsprechenden Einsatz der Hüften, um die Maschine in die Kurve zu bewegen.

Der Körper muss so weit wie möglich nach vorn verlagert sein, um das Vorderrad sicher greifen zu lassen und das Hinterrad zu erleichtern, damit es beim Bremsen besser ausbricht. Beim Betätigen der Bremse wird automatisch Gewicht nach vorn verlagert.

Ein guter Blick ist entscheidend, damit man früh genug den Bremspunkt sieht. Denke darüber nach, was du erreichen willst, und beachte, dass der Drift und die daraus resultierende Bahn keinen Bogen ergibt, sondern mehr eine Hakenform, wobei die Energie der Kurve sich erst in der letzten Sekunde auflöst und der tatsächliche Richtungswechsel erst am Ende des Manövers entsteht.

Wenn man die Kurve erreicht, wird die Kupplung gezogen und ein fester Druck auf das Bremspedal ausgeübt. Sobald es in die Kurve hineingeht, muss das Hinterrad blockieren und so gehalten werden, damit die Kurve beendet werden kann. Hält man das Rad nicht blockiert, endet das Manöver entweder mit einem unangenehmen Highsider oder man rollt einfach aus. Lenke das Motorrad ins Kurveninnere und lehne dich dabei hinein. Druck auf die innere Fußraste würde dafür sorgen, dass das Hinterrad wegrutscht. Zu viel Druck, und es würde noch stärker ausbrechen. Druck auf die äußere Fußraste sorgt dafür, dass der Reifen greift – und sich das Motorrad aufrichtet. Das Hinterrad muss frei rutschen und nach außen driften können. Sobald der Scheitelpunkt der Kurve passiert ist, wird die Kupplung wieder langsam eingerückt und Gas gegeben. Erst wenn das Motorrad stabil geradeausfährt, darf es wieder beschleunigt werden. Dabei muss man fühlen, was das Motorrad macht, und darf nicht nur auf die Motorleistung vertrauen, um das Manöver abzuschließen.

← Eine gut ausgeführte Driftbremsung ist ein dramatisches Manöver.
📷 Thorvaldur Orn Kristmundsson

4

Hartes Bremsen im Kurvenscheitel lässt das Hinterrad ausbrechen.

📷 Thorvaldur Orn Kristmundsson

Simon sagt …

- Gehe die Kurve zuversichtlich auf einer etwas weiteren Linie an.
- Lasse das Hinterrad durchdrehen, sobald der Scheitelpunkt erreicht ist.
- Belaste die äußere Fußraste und lenke gegen, um den Drift zu kontrollieren.
- Halte das Gas und die Lenkung ausgewogen, um die Linie aufrechtzuerhalten.

Beim Powerslide wird im Wesentlichen das Gas genutzt, um das Hinterrad durchdrehen zu lassen und die Kurve enger zu nehmen. Diese Technik erlaubt es, in einer langen und weiten Kurve schnell zu beschleunigen. Es mag einfach aussehen, erfordert jedoch etwas Training, um perfekt ausgeführt zu werden. Die Technik wird sowohl beim Motocross als auch bei Rallyes von Profis gerne genutzt. Von Zeit zu Zeit kann man sie sogar bei Straßenrennfahrern des MotoGPs oder bei Superbikerennen beobachten, wenn die Fahrer aus einer Kurve heraus beschleunigen. Beim Powerslide geht es – auch wenn es seltsam klingt – darum, die Kontrolle zu verlieren, während gleichzeitig alles unter Kontrolle bleibt.

Bezogen auf die Technik muss man in einer langsamen sowie furchen- und hindernisfreien Kurve im ersten oder zweiten Gang die Kupplung leicht trennen, sobald der Scheitelpunkt erreicht ist. Dann wird Gas gegeben und die Kupplung abrupt wieder eingerückt. Dies bringt das Hin-

Powerslides

terrad zum Durchdrehen, sobald der Kurvenscheitel verlassen wird, und das Motorrad wird scharf nach innen schwenken.

Man muss darauf gefasst sein, dass das Hinterrad nicht länger mit dem Vorderrad in einer Linie läuft. Das Vorderrad zeigt nach vorn, während das Hinterrad nach außen driftet. An diesem Punkt ist äußerste Sorgfalt geboten, da man entweder einem Lowsider (das Motorrad rutscht unter einem weg) oder einem Highsider (es stellt sich plötzlich durch den greifenden Hinterreifen auf) zum Opfer fallen kann. Bei einem Highsider wird man regelrecht abgeworfen, bei einem Lowsider rutscht man meistens hinter dem liegenden Motorrad her und kann sich damit trösten, dass dies etwas weniger gefährlich und schmerzhaft ist.

Um Powerslides zu üben, sollte man auf einer weiten und ebenen Fläche mit lockerem Untergrund einen »Doughnut« nach dem anderen drehen (dabei wird ein Fuß am Boden gehalten und das Motorrad mit durchdrehendem Hinterrad um einen herumgedreht). Hierdurch gewinnt man ein Gefühl, wie der Hinterreifen ausbricht und ohne Traktion frei dreht. Trainiere dann, um etwa 20 Meter auseinanderliegende Reifen herumzufahren. Bleib dabei im zweiten Gang und fahre nur im Bereich der Reifen um die Kurve.

Beginne langsam und werde zunehmend schneller. Fahre im Uhrzeigersinn und setze bei dieser Übung nicht die Bremsen ein. Es geht darum zu fühlen, wie der Hinterreifen beginnt, die Traktion zu verlieren, wenn die Maschine mit dem Lenker in die Kehre gezwungen wird. Im Kurveneingang muss das Körpergewicht nach vorn verlagert werden – so kann man bestimmen, wie viel Gewicht auf dem Heck liegt und wie viel Traktion der Hinterreifen hat. Sei bereit, wenn das Hinterrad beginnt, sich danebenzubenehmen – es wird irgendwann ausbrechen und versuchen, das Motorrad um 180° zu drehen. Um dies zu verhindern, muss mehr Gewicht auf die äußere Fußraste verlagert oder gegengelenkt – also in die entgegengesetzte Richtung gelenkt werden; in einer Linkskurve muss beispielsweise bewusst und mit Kraft nach rechts gelenkt

↓ **Powerslides können in lang gezogenen Kurven viel Spaß machen.**
📷 KTM

Lenken mit dem Gasgriff

1 Gehe die Kurve in einer weiten Bahn an, …

2 … um kräftig einzulenken …

3 … und das Gas zu öffnen.

werden. Mit wachsender Erfahrung werden die Hände instinktiv reagieren.

Beim Powerslide wird man feststellen: Je mehr man das Gas öffnet, desto mehr wird das Hinterrad durchdrehen und ausbrechen wollen. Experten können in weit ausladenden Kurven sehr schnell sein, weil sie die Erfahrung haben, die gesamte Kurve hindurch die Balance zwischen Motorleistung und Lenkbewegungen zu halten.

Die Stärke des machbaren Drifts hängt vom Untergrund ab. Lockeres Terrain wie Sand oder Schotter macht Powerslides einfacher. Man beherrscht die Technik, wenn man noch in Schräglage fährt, obwohl man bereits aus der Kurve herausbeschleunigt. Es ist dieser Moment des »Kontrollverlusts innerhalb der Kontrolle«, nach dem man strebt. Nachdem man Powerslides beherrscht, muss die Technik im Stehen probiert werden. Die Herausforderung ist etwas größer, weil man nicht seinen Fuß zum Abstützen nutzen kann, und der Erfolg hängt davon ab, ob man in der Lage ist, den Drift durch die Gewichtsverlagerung auf die innere Fußraste zu kontrollieren.

← Steve Hague zeigt diesen Powerslide mit trügerischer Leichtigkeit.
📷 Robert Wicks

← Das Hinterrad kontrolliert durchdrehen zu lassen, ist der Schlüssel zum Erfolg.
📷 Robert Wicks

4 Dann lässt man das Hinterrad durchdrehen, …

5 … um durch die Kurve hindurch zu beschleunigen.

📷 Thorvaldur Orn Kristmundsson

Simon sagt …

- Gib nur sehr wenig Gas, um nicht die Schräge herunterzurutschen.
- Belaste die äußere Fußraste, um das Motorrad in die Neigung zu drücken.
- Sei dir bewusst, dass plötzlicher Druck auf eines der Räder ausreicht, den Reifen seitlich den Berg hinabzudrücken.
- Nutze eine positive Neigung zu deinem Vorteil, wo immer du kannst.

Schrägen und schiefe Ebenen 23

Die Schräge oder Querneigung einer Fahrbahn ist im Prinzip die Höhendifferenz zwischen den beiden Rändern. Dies kann ein seitlich an einem Berg entlangführender Pfad oder eine speziell konstruierte Straße mit einer Kuppe in der Mitte und abgesenkten Randsteinen sein. Das Fahren auf jeder schrägen Fahrbahn erfordert Sorgfalt und gute Planung – besonders auf unbefestigtem Untergrund.

Man muss Schrägen immer zu seinem Vorteil nutzen. Eine positive Neigung (Steilkurve) hilft, die Räder in der Kurve zu halten, weil sie mehr Traktion bietet. Wahrscheinlich wird man durch eine solche Kurve schneller fahren können, als wenn sie flach wäre, denn hier wirkt die Zentrifugalkraft (also die seitliche Fliehkraft) neben der ansonsten dominierenden Gravitation (Erdanziehungskraft). Während also das Motorrad geneigt wird, um die Kurve normal zu durchfahren, ist die tatsächliche Schräglage in Bezug zur Oberfläche sehr gering. Unter diesen Umständen verlieren Grip und Traktion an Bedeutung, da die Schräge einen quasi in der Kurve hält und man oft den Eindruck hat, am Ende der Kurve in eine Art Schleuder zu geraten.

Demgegenüber zwingt eine negative Neigung (das Kurvenäußere liegt tiefer) dazu, die Kurve langsamer zu fahren, als wenn sie flach wäre. Grip und Traktion sind gefährdet, und es besteht das Risiko, dass durch zu heftiges Betätigen des Gasgriffs oder der Bremsen das Rad bergabrutscht. Das Durchfahren der Kurve vermittelt ein Gefühl, als würde das

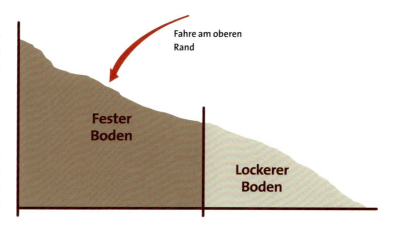

Fahre am oberen Rand

Fester Boden

Lockerer Boden

Vorderrad jederzeit wegrutschen können. Solche Schrägen sind knifflig genug, doch fügt man einen An- oder Abstieg sowie schlammigen oder lockeren Untergrund hinzu, können sie echte Herausforderungen werden. So viel Gewicht wie möglich auf die äußere Fußraste zu bringen, verlagert den Schwerpunkt zu dieser Seite und drückt die Räder wirkungsvoll gegen den Hang. Wenn man es falsch macht und die innere Fußraste belastet, erhöht man dagegen die Tendenz der Räder, den Hang herunterzurutschen.

Steht man vor einem steilen Abstieg mit einer längeren negativen Neigung, muss zuallererst eine gute Linie gewählt werden, die möglichst etwas höher als üblich liegt, da man hier mehr Spielraum für Fehler hat. Zudem ist hier oft – aber nicht immer – der Boden fester als weiter unten; ein genauer Blick verrät Näheres. Nimm die gleiche Haltung ein, als würdest du auf eine flache Kurve zufah-

← Körperhaltung und Balance sind beim Fahren am Hang entscheidende Faktoren.
📷 Thorvaldur Orn Kristmundsson

Negative Neigung

1 Eine feinfühlige Gashand und das Belasten der Fußraste an der tieferen Seite …

2 … helfen dabei, das Hinterrad nicht abrutschen zu lassen …

3 … und die Schräge sicher zu befahren.

⬇ **Diese Sequenz zeigt deutlich, wie Simon sein Körpergewicht auf das äußere Bein verlagert.**
📷 Thorvaldur Orn Kristmundsson

ren. Dabei muss die äußere Fußraste belastet werden. Dies hilft dem Reifen, Grip zu erhalten, doch es ist ein empfindliches Gleichgewicht, denn sobald man mehr Gewicht nach außen verlagert, kann das Motorrad den Hang herunterstürzen. Daher muss man die Wirkung des Gewichts ausgleichen, indem man den äußeren Ellbogen nach oben beugt – dies hilft, das Motorrad anzukippen und eine bequeme Position zu erhalten. Ununterbrochen nach vorn zu blicken und eine gute Gangwahl sind genauso unentbehrlich wie ein sehr sanfter Umgang mit allen Instrumenten. Eine plötzliche Betätigung der Bremse oder des Gasgriffs kann schwere Folgen haben.

Lasse die Räder rollen, aber behalte ein Gefühl dafür, was passiert, denn jeder plötzliche Druck auf eines der Räder kann dazu beitragen, den Reifen den Hang hinabrutschen zu lassen. Wieder muss eine Balance gefunden werden. Es ist gut, etwas Schwung zu haben, doch letztendlich wird ein langsames und beständiges Tempo benötigt, und je langsamer man fährt, desto weniger seitliche Kraft wirkt auf das Motorrad.

Eine positive Neigung kann dagegen ein echter Vorteil sein – wenn man sie korrekt nutzt. Nimm beispielsweise eine überhöhte Kurve. Was sich ändert, ist die Tatsache, dass die positive Neigung einem tatsächlich einen Boden gibt, mit dem man arbeiten kann. Zudem gibt es zusätzliche Traktion, die einem erlaubt, um die Kurve herumzubeschleunigen und die lange Außenbahn zu nutzen – so wie man es oft beim Motocross sieht. Um es erfolgreich zu tun, muss die Kurve durchgehend schnell befahren werden. Verlagere dein Körpergewicht nach vorn und auf die äußere Fußraste und versuche, durch die Kurve »hindurchzuströmen«. Schaue dabei voraus und ziehe eine imaginäre sanfte Linie durch die Kurve. Beschleunige sanft aus der Kurve heraus und halte deinen Körper vorn, um die Front unter Kontrolle zu halten. Mehr Geschwindigkeit erlaubt es, in Schräglage aus der Kurve herauszuschleudern. Es ist eine sichere Technik, da man normalerweise die breite Lauffläche seines Reifens nutzt, um in die Kurve hinein-, hindurch- und herauszufahren. Fühlt man sich hierbei nicht wohl, kann es leich-

ter sein, eine engere und konventionelle Innenbahn zu nutzen.

Schließlich sollte man wissen, dass viele Schotterpisten auf beiden Seiten eine Schräge haben, weil in der Mitte eine Wölbung vorhanden ist, um Regenwasser besser abfließen zu lassen. Und je nachdem, ob man innen oder außen fährt, ist diese Neigung positiv oder negativ. Angenommen, man fährt auf der linken Fahrbahnseite und die Straße hat in der Mitte eine Wölbung. Wenn die Strecke eine Linkskurve macht, hat man eine positive Neigung und kann die Kurve vertrauensvoll fahren. Geht die Kurve allerdings rechts herum, fährt man auf der linken Fahrbahnseite auf einer negativen Neigung und muss sehr vorsichtig sein. Fährt man lange Strecken auf ruhigen Straßen, kann die Konzentration nachlassen und man gewöhnt sich an, beide Fahrbahnseiten zu befahren, um die Schrägen auszunutzen. Doch hierbei muss man sehr aufpassen, denn plötzlicher Gegenverkehr kann einen zwingen, wieder seine eigene Fahrbahn benutzen zu müssen – wo man es mit einer unerwarte-

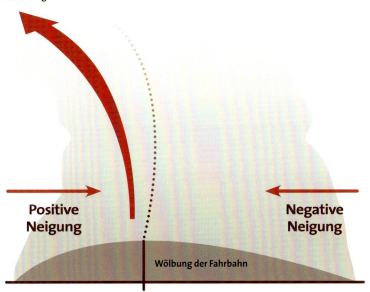

ten negativen Neigung zu tun zu bekommt. Die Gewichtsverteilung und die Körperhaltung passen nicht zu dieser Situation, man ist wahrscheinlich zu schnell, und eine Korrektur wird schwierig, sodass man bestenfalls auf der anderen Straßenseite im Gebüsch landet.

Simon sagt …

- Sei dir bewusst, wo du landest!
- Beginne den Sprung so senkrecht wie möglich.
- Gib ausreichend Gas, um das Vorderrad beim Abheben hochzuhalten.
- Halte die Lenkung gerade, um bei der Landung kein Flattern zu erzeugen.

Sprünge mit einem Geländemotorrad können die fantastischsten – und beängstigendsten – Gefühle überhaupt auslösen. Mit einer schwer beladenen Reiseenduro sollten Sprünge jedoch vermieden werden, da die Federelemente und das Fahrwerk bereits reichlich belastet sind und von zusätzlichen Stößen vielleicht überfordert werden. Sportenduros und Motocrossmaschinen sind konstruiert, um

Sprünge

24

Sprünge auszuhalten – sie sind leicht und ihre Flugbahn lässt sich zumeist durch reines Gasgeben korrigieren. Ihre schwergewichtigen Rallye-Gegenstücke (die z. B. bei der Rallye Dakar eingesetzt werden) wiegen deutlich mehr, haben aber exzellente Federelemente und eine bessere Gewichtsverteilung. Eine schwer beladene Reiseenduro trägt dagegen meistens zu viel Gewicht an den falschen Stellen, lässt sich bei einem missglückten Start nur schwer korrigieren, und ihre Federung ist meist nicht in der Lage, den Aufprall der Massen sanft abzufangen.

Wenn man aber während einer Abenteuerreise eine gute Stelle findet, muss nur das Gepäck demontiert werden, um auch mit einer Reiseenduro etwas Spaß zu haben.

Thorvaldur Örn Kristmundsson

Dakar: Die ultimativen Abenteuerfahrer

Wer einmal die weltbeste Motorradbeherrschung und absolut perfekte Techniken in Aktion sehen möchte, muss sich nur die berühmte Rallye Dakar anschauen. Diese wird von vielen als die härteste Geländesportveranstaltung der Welt betrachtet und wurde erstmals 1977 (von Paris nach Dakar) gestartet, als der Rennfahrer Thierry Sabine mit seinem Motorrad bei einem Rennen von Abidjan nach Nizza in der libyschen Wüste für mehrere Tage verloren ging. Von den Dünen besiegt, kehrte er nach Frankreich zurück und versprach, seine Erfahrungen mit so vielen Menschen wie möglich zu teilen.

Zwischen 250 und 300 Motorradfahrer stehen am Start und wissen, dass sie an einem harten Wettbewerb teilnehmen und ihre Fähigkeiten auf dem unterschiedlichsten Terrain und immer gegen die Uhr aufs Höchste herausgefordert werden.

Die Rallye erfordert eine gute Vorbereitung auf verschiedenen Ebenen – körperlich, technisch und im Hinblick auf die Motivation. Da sie mehr als ein gewöhnliches Rennen ist, erfordert die Dakar von ihren Fahrern überragende Navigationsfähigkeiten, eine felsenfeste Willenskraft und höchste technische Fähigkeiten, wenn sie die Ziellinie überqueren wollen.

← Die Rallye Dakar bietet jedes Terrain, das man sich vorstellen kann.
📷 KTM

Lange Strecken

→ Speziell da[für] konstruierte Rallye-Masch[inen] kommen mit [allen] Umständen l[eicht] zurecht.
📷 KTM

→ Mensch und Maschine in perfekter Harmonie.
📷 KTM

📷 Joe Pichler

Über lange Strecken offroad zu fahren, ist sowohl körperlich als auch technisch eine echte Herausforderung. Um mit Selbstvertrauen fahren zu können und alles unter Kontrolle zu haben, wird eine Kombination aus Motivation, Kraft, Ausdauer, Flexibilität, schnellen Reflexen und guter Koordination benötigt. Einiges hiervon kommt einfach durch die Anwendung der richtigen Techniken, doch es gibt einige andere mitwirkende Faktoren, die den Komfort, die Sicherheit und den Genuss steigern können. Von simplen Hinweisen zum Thema Essen und Trinken über Gedanken an die eigene Sicherheit, das Planen der Route und Erste-Hilfe-Tipps bis hin zum Umgang mit kulturellen Unterschieden gibt dir dieses Kapitel einen Einblick in viele Dinge, die viele von uns oft völlig vernachlässigen, die aber einen großen Beitrag zum Erfolg einer Abenteuerreise leisten.

Obwohl gute Fahrtechniken nicht vor dem Unvermeidbaren schützen, kann man zumindest Schritte unternehmen, um das bei weltweiten Entdeckungsreisen vorhandene Risiko zu minimieren. Als Reiseneuling will man neue Kulturen kennenlernen, Verhaltensweisen erfahren und Dinge sehen, die von unserer westlichen »Komfortzone« Millionen Kilometer entfernt sind. Kinder erbetteln Geld, oder man soll mit Geschenken überhäuft werden, zudem erscheinen oft Menschen aus dem Nichts, um die verschiedensten Waren zum Kauf anzubieten. Man wird Leute treffen, die noch ihre kleinste Habe mit einem teilen wollen – und Kinder, die mit Steinen nach einem werfen.

Mit Sicherheit wird man während einer Reise großen Risiken und Gefahren ausgesetzt sein. In einigen Fällen werden sie sehr offensichtlich sein, in anderen eher dezent und hinterlistig. Und es geht darum, wie man sich auf diese Herausforderungen vorbereitet und mit ihnen umgeht, wenn man auf sie trifft.

Motivation und mentale Vorbereitung	**144**
Körperliche Fitness	**148**
Essen und Trinken	**150**
Routenplanung	**153**
Navigations-Grundkenntnisse	**156**
Persönliche Sicherheit	**158**
Umgang mit kulturellen Unterschieden	**163**
Überlebenstechniken	**164**
Erste Hilfe	**167**
Gruppenfahrten und -dynamik	**169**

Motivation und mentale Vorbereitung

Enduroreisen sind aus unterschiedlichen Gründen attraktiv. Manche erfüllen sich einen lebenslangen Traum, andere wollen der Welt eine Botschaft überbringen, und viele wollen einfach nur dem Alltagstrott entfliehen. Um welche Motivation es sich auch immer handelt – man muss wissen, dass man besonders auf langen Reisen mit einer Vielzahl an mentalen und physischen Herausforderungen konfrontiert wird. Die Psyche spielt bei der Fahrt, der Stimmung und der Konzentration eine wichtige Rolle, und Gedanken haben einen großen Einfluss – ob positiv oder negativ. Am Ende gibt es kein Patentrezept für ein erfolgreiches Überstehen einer Abenteuerreise, doch es gibt einige wichtige Faktoren, die berücksichtigt werden sollten:

Innere Einstellung – Beginne klein mit einem Ausflug über ein langes Wochenende und weite die nächste Reise über eine Woche und in fernere und anspruchsvollere Gebiete aus, wenn du glücklich damit bist, wie du diese Aktivität über längere Zeit aushältst.

Mentale Stärke – Dies ist nicht die Rallye Dakar, doch irgendwann fühlt es sich so an – und mit der Zeit wird man sich weiter entfernen, als man je für möglich gehalten hat. Dies ist die Fähigkeit, deine eigene Psyche zu kontrollieren und ungeachtet der Umstände sowohl positiv als auch konzentriert zu bleiben.

Weite Strecken allein sein – Selbst wenn es kein Solotrip ist, wird viel Zeit zum Nachdenken bleiben.

Entschlossenheit – Wichtig ist, ständig das Ziel vor Augen zu haben.

Konzentration – Diese zu halten, trägt viel dazu bei, sanft zu fahren und Gefahren rechtzeitig zu entdecken.

Flexibilität – Man muss grundlegend darauf vorbereitet sein, sich anpassen zu müssen, wenn der detaillierte Plan auf der Strecke zur Bedeutungslosigkeit verblasst.

Positives Denken – Bevor man beginnt, einen steilen Anstieg oder eine tiefe Flussdurchquerung anzugehen, muss man sich vorstellen, es perfekt zu erledigen. Liefere deiner Fantasie das richtige Bild, denn oft wird der Körper diesem folgen. Negative Gedanken sorgen dafür, dass man wirklich stürzt.

Fitness – Eine schwer beladene Reiseenduro über längere Strecken zu fahren, ist eine große körperliche Beanspruchung, die eine gewisse Grundfitness erfordert.

← **Bereite dich darauf vor, unter allen möglichen Umständen fahren zu müssen.**
📷 Touratech

↑ **Konzentration und Entschlossenheit helfen immer.**
📷 Thorvaldur Orn Kristmundsson

↓ **Das Fahren auf solchen Untergründen kann sehr schwierig sein und erfordert eine gute Fitness.**
📷 Thorvaldur Orn Kristmundsson

↑ Während der Reise wird man viel Zeit zum Nachdenken haben.
📷 Chris Smith/ Liz Peel

Die Einstellung zu einer Abenteuerreise sollte also Folgendes beinhalten:
- Fähigkeiten, das Motorrad zu beherrschen
- das Verständnis für das Motorrad
- die Fähigkeit, den Untergrund vor dir beurteilen zu können.

Jim Hyde sagt: »Wenn du eine Abenteuerreise planst, sind deine Fähigkeiten der bestimmende Faktor dafür, wohin du fahren kannst. Du musst von deinen Fähigkeiten überzeugt sein (egal, auf welchem Level sie sind), du musst mit deinem Motorrad geübt haben, damit du seine Möglichkeiten kennst, und du musst deinen gesunden Menschenverstand einsetzen, um deine Grenzen nicht zu überschreiten.«

Er fügt hinzu: »Die richtige Denkweise gleicht in vielen Fällen dem Engagement, etwas einfach zu tun. Du kannst mit einer Reiseenduro nicht ängstlich sein. Wenn du also einen steilen Hang hinaufwillst, musst du das Gas aufreißen und losfahren, denn der Schwung ist in solchen Situationen dein bester Freund. Und du musst dir selbst vertrauen. Du kannst nicht sagen: ›Wir werden sehen, wie es weitergeht, wenn ich die Hälfte geschafft habe.‹ Dies funktioniert einfach nicht, und du wirst es niemals bis oben schaffen. Du musst dir selbst sagen: ›Ich gebe Vollgas und ich schaffe es!‹ Man muss auch in der Lage sein, sich auf der anderen Seite eines Hindernisses ›sehen‹ zu können – um all das geht es bei der richtigen Denkweise.«

Körperliche Fitness
Von Rodney Womack

Ungeachtet der eigenen Fahrweise, spielt die körperliche Fitness beim Spaß am Motorradfahren eine wichtige Rolle. Egal, ob Freizeitausflüge, Abenteuerreisen oder Rennsport – körperlich fit zu sein, macht den großen Unterschied aus, ob man sich während und nach der Fahrt wohl fühlt oder ermattet ist. Und der Genuss steigt, wenn sich die gesamte Fitness verbessert.

Wenn es ums Enduroreisen geht, muss das Verbessern der Körperkraft und der Kondition Priorität haben, bevor man überhaupt ein Motorrad besteigt. Das Verbessern der Fitness erhöht nicht nur den Fahrgenuss, sondern auch die Sicherheit, die Kontrolle über das Motorrad und die Bewältigung schwieriger Untergründe. Mehr Kraft erleichtert die Handhabung der schweren Maschine, während eine gute Kondition dabei hilft, lange Zeit im Sattel sitzen zu bleiben. Die Erholungszeit nach einem langen Tag auf der Piste wird ebenfalls kürzer, wenn man fit ist.

Doch wie verbessert man möglichst gut seine Fitness, bevor man losfährt?

Die erste Wahl ist das Training zu Hause mithilfe einfacher Übungen wie Kniebeugen, Liegestützen, Klimmzügen, Rumpfbeugen, Ausfallschritten und Seilhüpfen. Diese Übungen erfordern keine oder wenig Ausrüstung und können leicht durchgeführt werden. Sie eignen sich auch gut zum Muskelaufbau und der Konditionsverbesserung für alle möglichen Aktivitäten. Neben den Kraftsportübungen ist es immer gut, durch Wandern, Joggen, Radfahren, Schwimmen, Rudern oder andere Aktivitäten, die den Kreislauf in Schwung bringen, die allgemeine Kondition und Fitness zu verbessern.

Die Alternative zum Muskelaufbau, um die Belastungen einer Abenteuerreise zu überstehen, liegt im Gewichtheben. Natürlich werden dazu entweder Gewichte für zu Hause benötigt, oder man besucht ein Fitnessstudio. Auf jeden Fall muss man etwas Geld ausgeben und sich spezielle Instruktionen holen, um richtig trainieren zu können. Für den Bedarf eines Durchschnittsfahrers würde ich ein Gewichthebeprogramm empfehlen, das zu Hause durchgeführt werden kann. Dies ist die beste Methode für Anfänger, und der Fortgeschrittene kann einfach ein paar Übungen hinzufügen, intensiver trainieren und mehr Zeit damit verbringen.

Im Folgenden ist eine gute Übung für Anfänger beschrieben. Wenn sie sich als zu mühelos erweist, wird sie einfach öfter wiederholt, bis man die Ebene erreicht, die der aktuellen Fitness entspricht.

Rodney Womack ist ein staatlich geprüfter Kraft- und Konditionsspezialist, war 20 Jahre Highschool-Trainer in den USA und ist seit 1971 Motocrossrennfahrer. Auf seiner Webseite www.motofitness.com verfasst er wöchentlich einen Motocross-Fitness-Newsletter.

Anfängerübung
- Laufe 5 Minuten auf der Stelle.
- Strecke 5 bis 10 Minuten deinen Ober- und Unterkörper.
- Liegestütze – 1 bis 3 Durchgänge mit 10 bis 20 Wiederholungen.
- Klimmzüge – 1 bis 3 Durchgänge mit 5 bis 10 Wiederholungen (hierfür wird eine entsprechend hoch angebrachte Stange benötigt).
- Rumpfbeugen – 1 bis 3 Durchgänge mit 20 Wiederholungen.
- Kniebeugen – 1 bis 3 Durchgänge mit 10 bis 20 Wiederholungen.
- Joggen, Radfahren, Schwimmen, Rudermaschine oder Seilspringen (oder jede andere Ausdauer-/Aerobicaktivität) – 15 bis 30 Minuten.

Dies ist ein einfaches, aber effektives Programm. Hat man mit einer dieser Übungen Probleme, macht man einfach eine andere und versucht, jede Übung ein- oder zweimal zu wiederholen. Wer eine Zeit lang nicht trainiert hat, beginnt in der ersten Woche nur mit einem Durchgang jeder Übung und fügt in den folgenden Wochen weitere hinzu. Es empfiehlt sich, langsam zu beginnen, um sich nicht zu verletzen, und dann die Intensität zu erhöhen.

Wenn die Aerobicübung zu schwierig ist, beginnt man mit 10 bis 15 Minuten und fügt immer etwas mehr Zeit hinzu. Dieses einfache Übungsprogramm kann an drei bis vier Tagen pro Woche durchgeführt werden. Alternativ führt man die Kraft- und die Aerobicübungen abwechselnd an verschiedenen Tagen durch.

Ein einfaches Übungsprogramm wie dieses hilft, eine gute Kraft- und Konditionsbasis aufzubauen. Passe die Übungen einfach an deine Vorlieben und deine Fitness an und trainiere weiter. Sobald sich die Fitness verbessert, können weiterführende Übungen mit einer höheren Intensität durchgeführt werden.

Mit einer verbesserten Fitness wird man in der Lage sein, länger zu fahren, sein Motorrad besser zu beherrschen, sicherer zu fahren, sich schneller zu erholen und schlussendlich mehr Spaß zu haben. Mehr Kraft und Kondition stärkt auch die gesamte Gesundheit und kann bei einem Unfall vor Verletzungen schützen. Wenn die Planung der nächsten Reise ansteht, ist es eine gute Sache, Kraft und Kondition auf die »To do«-Liste zu setzen. Am Ende wird deine Fahrt zu einem größeren Genuss!

Strecken
Ober- und Unterkörper für 5 bis 10 Minuten

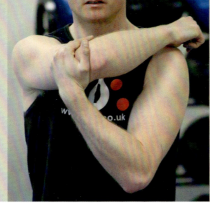

Liegestütze
1 bis 3 Durchgänge mit 10 bis 20 Wiederholungen

Rumpfbeugen
1 bis 3 Durchgänge mit 20 Wiederholungen

Klimmzüge
1 bis 3 Durchgänge mit 5 bis 10 Wiederholungen

Kniebeugen
1 bis 3 Durchgänge mit 10 bis 20 Wiederholungen

Ausdaueraktivitäten
15 bis 30 Minuten

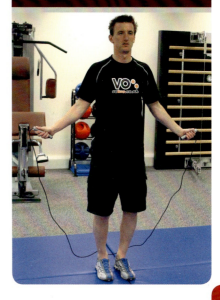

↑ Eine nahrhafte Mahlzeit lässt sich leicht und aus einfachen Zutaten zubereiten.
📷 Andrew Smith

Essen und Trinken

Unterwegs wird sich der Speiseplan wahrscheinlich von dem unterscheiden, was es zu Hause gibt, doch es ist wichtig, dass man genug von den Stoffen isst, die einen während einer Abenteuerreise körperlich und geistig fit halten. Ernährung spielt in dieser Hinsicht eine wichtige Rolle, und die richtige Nahrung hilft auch, Krankheiten und Infektionen zu vermeiden. Genauso wie dein Motorrad mit schlechtem Treibstoff nicht laufen wird, leistet dein Körper nicht mehr viel, wenn irgendeine Kraftstoffquelle nicht ausreichend ist. Ein verbreiteter Mythos ist, dass Freizeitfahrer nicht den gleichen Anspruch an gute Ernährung haben müssen wie Profifahrer. Dies ist nicht wahr, weil man als Gelegenheitsfahrer oft alles andere als fit ist und daher sogar noch mehr Energie benötigt als ein Profi.

Genauso wichtig ist es, die Fahrt in einem guten Zustand anzutreten, und Ernährung spielt einen wichtigen Part bei der Vorbereitung vor dem Start. Die folgenden grundsätzlichen Regeln gelten für die meisten Fahrer, um bei Beginn einer Abenteuerfahrt gesund und fit zu sein. Beginne damit, die folgenden Dinge aus deiner Ernährung zu streichen:

- Getränke und Nahrungsmittel mit einem hohen Zuckergehalt
- Produkte mit Weißmehl
- Gefrierkost
- Junkfood/Fastfood
- Fertiggerichte

Achte auf eine ausgewogene Ernährung mit fettarmem Fleisch (Huhn, Fisch, magerem Rindfleisch), frischem Gemüse, frischem Obst, Joghurt, Milch und Vollkornprodukte. Teile diese Nahrung in fünf oder sechs kleine Mahlzeiten pro Tag ein und achte auf eine gute Balance zwischen Proteinen, Kohlehydraten und Fett. Eine gute Vitamin- und Mineralienergänzung ist ebenfalls wichtig, damit der Körper in der Lage ist, auf einem hohen Niveau zu funktionieren.

Wer abnehmen möchte, sollte auf zu viele Kohlehydrate (Kartoffeln, Brot, Nudeln) verzichten, um mehr Kalorien zu verbrennen als aufgenommen werden. Weniger zu essen und sich mehr zu bewegen, ist eine gute und sichere Methode, um den Körperfettanteil zu reduzieren. Allerdings muss man dabei aufpassen, nicht mehr als ein bis zwei Pfund pro Woche zu verlieren. Schraubt man seine Kalorienzufuhr zu weit herunter, wird man zu wenig Energie zum Trainieren haben.

Jeder reagiert auf Training und Diät anders, und man muss vielleicht mit unterschiedlichen Nahrungsmitteln und Mahlzeitabfolgen herumexperimentieren, bevor man die Kombination findet, mit der man am besten klarkommt. Allerdings muss man dabei auch bestrebt sein, eine ausgewogene Ernährung sicherzustellen.

Je nach Länge und Art der Reise kann es sinnvoll sein, verschiedene Nahrungsmittel mitzunehmen und andere vor

Ort auf Märkten, bei Straßenhändlern oder in Supermärkten frisch einzukaufen. Nimm dir auch Zeit, die lokale Küche kennenzulernen – jede Region hat zweifellos ihre eigenen Delikatessen, die man sich als Teil seiner Reiseerfahrung nicht entgehen lassen sollte. Nahrung kann generell getrocknet oder in Dosen transportiert werden, manchmal ist sie auch schon von Natur aus in einer schützenden Hülle verpackt. Dosennahrung kann leicht zubereitet werden, wiegt jedoch viel und nimmt eine Menge Platz weg. Trockennahrung ist leichter und besser zu verstauen, benötigt jedoch eine Menge Wasser, um zubereitet zu werden.

Hier sind einige nützliche Ernährungstipps für unterwegs:

- Sorge für abwechslungsreiche Nahrung, um eine gute Mischung aus Kohlehydraten, Proteinen, Fett, Vitaminen und Mineralien sicherzustellen.
- Bei ausgedehnten Reisen können Multivitamin- und Mineralienzusätze mitgenommen werden, um sicherzugehen, dass der Körper das bekommt, was er braucht – besonders, wenn der Speiseplan eingeschränkt ist und nur schwierig verändert werden kann.
- Nahrung zu erhitzen, tötet Bakterien ab.
- Vermeide rohen Fisch und rohes Fleisch und sei vorsichtig bei Salaten, die schwierig zu reinigen sind.
- Halte immer ein paar Snacks bereit, die bei Pausen verzehrt werden können – dazu gehören Trockenfrüchte, Nüsse, Energieriegel, Schokolade, Lutschbonbons, Kekse und Cracker.
- Befolge bei der Nahrungszubereitung grundsätzliche Hygieneregeln und wasche vor dem Essen die Hände.
- Früchte und Gemüse gelten als vergleichbar sicher, wenn sie geschält oder gekocht sind.
- Kontrolliere vor dem Kauf von Nahrungsmitteln immer das Verfallsdatum.

Trinken

Etwas Dehydration findet bei jeder Fahrt statt, und bei manchen Reisen durch heiße Wüstengegenden wird das Austrocknen durch starkes Schwitzen noch verschärft. Dieser Flüssigkeitsverlust ist unbedingt zu ersetzen, da ansonsten zunehmend mit gesundheitlichen Schäden gerechnet werden muss. In einem heißen und trockenen Klima kann man innerhalb weniger Stunden stark dehydrieren, und selbst unter gemäßigten Bedingungen überlebt der Körper ohne Wasser nur etwa fünf Tage. Eine regelmäßige Wasserversorgung ist also unerlässlich – nicht nur zum Trinken, sondern auch zum Kochen und zum Waschen.

Betrachte deinen Körper als Motor: Er benötigt Flüssigkeit, um gekühlt und geschmiert zu werden und um Leistung zu liefern. Egal was man gerade macht, man braucht Wasser – und zwar viel davon. Es ist wirklich lebenswichtig, vor, während und nach jeder Fahrt ausreichend zu trinken, wenn man leistungsfähig und konzentriert bleiben will. Eine gute Hydration hilft auch gegen frühzeitige Erschöpfung – einen Zustand, der sich besonders beim Offroad-Fahren sehr nachteilig auswirken kann. Selbst leichte Dehydrierung kann durch steigende Körpertemperatur zu einem ernsthaften Leistungseinbruch führen.

Der Konsum von Wasser muss den Verlust ausgleichen – wenn man stark schwitzt, muss auch regelmäßig getrunken werden. Zu viel Wasser zu trinken, bedeutet kein Risiko, da die Nieren überschüssige Flüssigkeit wirkungsvoll zur Blase abführen.

Bei moderatem mitteleuropäischem Klima verbraucht der Körper täglich etwa 2,5 Liter Wasser. Dies geschieht über die Lungen (als Dampf), die Haut (als Schweiß) und über die Nieren (als Urin). Ein geringer Teil entweicht auch über den Darm (bei Durchfall deutlich mehr).

↓ Bei langen Reisen muss immer genug Wasser mitgeführt werden.
📷 Andrew Smith

↑ Anstrengende Fahrten verschärfen die Gefahr des Dehydrierens.
📷 Joe Pichler

Bei warmem oder schwülem Wetter oder bei großen Anstrengungen kann der Verlust über die Haut deutlich ansteigen – und muss rasch ausgeglichen werden. In extremen Fällen ist es nicht möglich, ausreichend zu trinken, um hydriert zu bleiben, und die einzige Möglichkeit, Dehydrierung zu vermeiden, liegt darin, eine Pause einzulegen oder sich in eine kühlere Umgebung zu begeben, um weniger zu schwitzen. Anzeichen von Dehydrierung sind Kopfschmerzen und Müdigkeit. Halte den Wasserhaushalt in Ordnung, indem du während der Fahrt regelmäßig kleine Mengen trinkst (zwei bis drei Schlucke alle 10 bis 15 Minuten), auch wenn du nicht durstig bist.

Man wird sich so lange durstig fühlen, bis man seinen Wasserbedarf komplett ausgeglichen hat. Reines Wasser kann das Durstgefühl vermindern, doch die Zugabe von Natrium schützt davor. Um andere Mineralien und Elektrolyte, die in sogenannten Sportgetränken enthalten sind, muss man sich dagegen keine Sorgen machen. Obwohl sie beim Schwitzen verloren gehen, müssen sie nicht dringend nachgeführt werden, solange man sich nicht in einer extrem heißen Umgebung aufhält, wo ein Elektrolytgetränk mit Mineralien nützlich sein kann.

Auf der Reise gesund zu bleiben, erfordert Wachsamkeit bei der Beschaffung von Trinkwasser. Dies schließt auch ein, vorsichtig bei Eiswürfeln zu sein, die einem in einer Bar zum Getränk gereicht werden. Heute ist auch in abgelegenen Gebieten Wasser in Flaschen erhältlich, doch man muss sich vergewissern, dass diese Flaschen versiegelt sind und nicht zuvor mit Leitungswasser gefüllt wurden. Sämtliches Wasser, was man aus der Wildnis oder am Straßenrand beschafft, muss unbedingt gefiltert und gereinigt werden.

Ein komplettes Wasserreinigungssystem wird wahrscheinlich nur benötigt, wenn man in wirklich abgelegene Gebiete reist und Wasser aus Flüssen oder Brunnen entnehmen muss. Reist man, ohne Zugang zu einer zuverlässigen Wasserquelle zu haben, muss sämtliches Wasser zunächst gefiltert und dann gereinigt werden, um Partikel und gefährliche Organismen zu beseitigen.

Wasser ist relativ schwer und kann viel Platz wegnehmen, doch es ist auf Reisen unerlässlich. Einfache Wasserkanister oder Metallflaschen aus dem Campingzubehör reichen aus. Die Behälter müssen sauber gehalten und wie der Tank und der Reservekanister bei jeder sich bietenden Gelegenheit aufgefüllt werden. Flaschen lassen sich am besten in den Koffern transportieren, doch wenn sie außen angebracht werden müssen, müssen sie regelmäßig auf festen Sitz überprüft werden.

Ein leichtes Hydrierungssystem (wie der Rucksackbeutel von Camelbak) ist eine sehr nützliche Anschaffung. Es gibt sie in unterschiedlichen Größen und man kann leicht durch einen Schlauch daraus trinken. Es gibt auch kombinierte Rucksäcke, in die neben dem Wasserbeutel andere Dinge transportiert werden können.

Routenplanung

Dies ist der Punkt, an dem die Reise vom Traum zur Realität wird. Alle Ideen, Orte und Dinge, die man sehen will, müssen irgendwie zusammengebracht werden – und alles, was man dafür tun muss, ist, eine Route herauszufinden. Eine Reise zu planen, ist eine entscheidende Komponente jeder Abenteuerfahrt, denn das Letzte, was man will, ist sich zu verirren. Dies kann nicht nur für Verzögerungen sorgen, sondern die zusätzlichen Kilometer können auch zu stärkerer Erschöpfung und sogar Panik führen, wenn sich das Dilemma nicht lösen lässt.

Recherche ist unerlässlich, und ungeachtet dessen, ob man nur einen mäßig langen Ausflug unternimmt oder eine absolut spektakuläre Langstreckenreise, hängt der Erfolg von der Vorbereitung ab. Für den modernen Reisenden stehen immer mehr Informationsquellen zur Verfügung, manche davon sind wichtig für Motorradreisende, andere weniger, doch alles, was man über seine Ziele oder seine Route lernt, kann früher oder später nützlich werden. Das Internet ist voller Informationsbrocken, nach denen Weltreisende suchen – und gelegentlich auch fündig werden. Bücher wie die Reiseführer von Lonely Planet können sehr nützlich sein und bieten viele Informationen über Städte und Hotels abseits ausgetretener Pfade. Achte darauf, aktuelle Landkarten zu bekommen, und unterhalte dich mit anderen Reisenden über deren Erfahrungen in deinen Zielgebieten.

Nimm dir auch Zeit, einen Finanzplan zu erstellen, und berechne, wie viel Geld du für die zu erwartende Strecke brauchst – und für Notfälle. Erkundige dich, ob du an deinen Zielorten Geld bei Banken oder aus Automaten bekommst, damit du nicht so viel mitführen musst.

Das Planen einer Reise erfordert ein gutes Gefühl dafür, wie weit du (und deine Mitreisenden) an einem Tag kommst/kommen. Beachte, dass Tagesetappen stark vom Terrain und von der Jahreszeit (also vom Wetter) abhängen. Auf einer guten befestigten Straße schafft man mit

↑ Dies war aber auf Google Earth nicht zu erkennen!
📷 Touratech

↓ Gute Planung und Recherche vor der Abfahrt sind unerlässlich.
📷 Robert Wicks

📷 Touratech

einer großen Reiseenduro je nach Wetterlage (und Toleranzlevel) bis zu 800 km.

An einem kühlen und regnerischen Tag schafft man auf der gleichen Strecke nur die halbe Distanz. Auf einer einigermaßen gut ausgebauten Straße können 300 km ein erreichbares Ziel sein, doch im Hochsommer in der Wüste kann das Fahren am Tag fast unmöglich sein. Auf schlechten und unberechenbaren Pfaden, die zudem noch Abschnitte mit Tiefsand enthalten können, sind 150 km am Tag eine realistische Erwartung.

Überlege dir auch, was du machen willst, wenn du dein Tagesziel erreicht hast. Wenn du noch etwas besichtigen möchtest, solltest du nicht zu erschöpft sein, um noch alles wahrnehmen und genießen zu können. Falls du irgendwo dein Zelt aufschlagen möchtest, gib dir genug Zeit, um alles bei Tageslicht auspacken und aufbauen und dir noch eine Mahlzeit zubereiten zu können. Nutze die Dunkelheit zum Entspannen und Erholen, um am nächsten Tag wieder genügend Kraft zu haben.

Eine detaillierte Landkarte ist absolut unentbehrlich – sowohl für die Planung als auch für die Fahrt. In der Planungsphase bietet das Gesamtbild einer ausgebreiteten großmaßstäblichen Karte eine unübertroffene Vorstellung von der zu befahrenden Route. Befestige die Landkarte an einer Tafel und markiere alle interessanten Punkte, die besichtigt werden sollen, mit Nadeln, dann kann die gewünschte Route eingezeichnet werden. Falls möglich, sollte die Karte an der Wand aufgehängt werden, damit man sie immer wieder anschauen, Routen modifizieren und sich das Terrain veranschaulichen kann – dies ist eine fantastische Motivation! Das Abenteuer beginnt Formen anzunehmen, sobald die erste Route auf der Karte markiert ist.

Anhand der markierten Karte kann man das Terrain beurteilen, mit dem man es möglicherweise zu tun hat, und sich daraus eine Vorstellung machen, wie weit man an einem Tag kommt. Nutze diese Punkte, um Ortschaften zu finden, die in der Nähe deiner Endpunkte liegen, und finde heraus, ob man dort übernachten kann. Auch wenn du während der Reise wahrscheinlich überall Treibstoff bekommen wirst, ist es ratsam, eine Ahnung davon zu haben, wo diese Punkte sind, sodass solche Stopps eingeplant werden können – hier muss auch unbedingt Wasser gebunkert werden! Soll die Reise länger dauern, als ein Satz Reifen hält, muss auch ein Ort mit einem Reifenhändler eingeplant werden.

Bereite dich jedoch auch darauf vor, vor Ort Erkundigungen einzuholen, mit Einheimischen zu reden und ausgetretene Pfade zu verlassen.

© BMW Motorrad

⬇ **Halte an und bestimme deine Position, sobald du meinst, dich verirrt zu haben.**
📷 Chris Smith/ Liz Peel

Navigations-Grundkenntnisse

Was ist Navigation? Sie kann je nach Wunsch sehr einfach sein oder sehr schwierig, doch im Wesentlichen geht es vor allem darum, zu wissen, wo man sich befindet und wohin man will. Dank moderner GPS-Geräte ist es heute einfacher denn je, seine Position auf ein paar Meter genau zu bestimmen, doch dies ist nur ein kleiner Teil der Geschichte. Zu wissen, wo man sich im Verhältnis zu irgendeinem anderen Punkt befindet, ist der entscheidende Faktor – und den kann ein GPS-Gerät allein nicht bestimmen. Hier erweist sich die »alte« Technik mit Papierlandkarten einmal mehr als nützlich, und GPS rückt fast etwas in den Hintergrund.

Grundsätzliche Navigationskenntnisse wie die Benutzung eines Kompasses und die Fähigkeit, Landkarten lesen zu können, sollten erlernt und lange vor Reisebeginn trainiert werden. Nimm dir Zeit, die Karten deiner Route zu studieren und dir die Konturen des Terrains, Orientierungspunkte und Ortschaften auf dem Weg vorzustellen – du wirst überrascht sein, was du alles wiedererkennen wirst, wenn du tatsächlich vor Ort bist.

Wer einen GPS-Empfänger mitnimmt, muss sich vor der Reise genügend Zeit nehmen, dessen Benutzung zu erlernen – es ist keine gute Idee, die Reise erst auf der Fähre einprogrammieren zu wollen. Nicht alle Landkarten sind mit einem GPS-Navigationsgitter ausgerüstet, doch die

↓↓ Nimm dir Zeit, um herauszufinden, was GPS für dich tun kann.
📷 Touratech

↓ Dank GPS gehört Verlorengehen heute der Vergangenheit an.
📷 KTM

meisten GPS-Hersteller haben ihre eigenen Kartensets, die einigermaßen detailliert sind. Die »World Map« des Marktführers Garmin gibt große Teile der Welt relativ detailliert wieder. Zwar sind nicht alle Straßen verzeichnet, doch finden sich darin alle wichtigen Haupt- und Nebenstraßen. Wer seine eigenen Daten erstellen will, um sie mit dem GPS zu nutzen, kann verschiedene Digitalisierungsprogramme, wie das großartige »Expert-GPS«, nutzen. Diese Software legt auf ein digital gescanntes Bild seiner Landkarte ein auf drei bekannten Koordinaten basierendes Breiten- und Längengradgitter. Dies erlaubt dem Programm, ein Gitter auf die gesamte Karte zu erweitern, woraus die Koordinatendaten gewonnen werden können. Das Programm hat viele Funktionen, darunter eine, die den Datentransfer zum und vom GPS-Gerät ermöglicht, sodass man sowohl eine Route gestalten und auf sein GPS-Gerät laden als auch seine Routendetails in Expert-GPS laden und ausdrucken lassen kann.

Nachdem man seine Route ins GPS geladen hat, wird die Landkarte ins Kartenfach gesteckt und man folgt einfach den Pfeilen.

Aus technischer Sicht ist beim Navigieren während der Fahrt Vorsicht geboten. Der Blick herunter auf die Karte oder das Navigationsgerät begrenzt die Sicht und kann im falschen Augenblick dazu führen, dass man auf ein Hindernis trifft. Wenn der Untergrund holprig ist, muss man langsamer werden oder gar anhalten, bevor man nachschaut – dies gilt besonders, wenn man nicht sicher ist, wo man sich befindet oder ob die Richtung stimmt. Es erfordert viel Erfahrung und Kontrolle, um ständig seinen Blick zwischen der Straße und dem Navi oder der Karte hin und her wechseln zu lassen – viele Teilnehmer der Rallye Dakar stimmen zu, dass dies eine der härtesten Herausforderungen ist.

157

↑ Passanten können überall eine Gefahr darstellen.
📷 Touratech

→ Eine Enduro ist auch in der Fremde immer ein guter Gesprächseinstieg.

Persönliche Sicherheit

Enduroreisende haben gegenüber Geländewagenfahrern den entscheidenden Vorteil, dass ihr Fahrzeug weit weniger als Symbol des Reichtums angesehen wird. Nutze dies zu deinem Vorteil, aber lasse bei der Sicherheit immer deinen gesunden Menschenverstand walten. Deine persönliche Sicherheit geht immer vor, sodass du immer wachsam sein und die richtige Haltung einnehmen musst, wenn es heikel wird. Ein Lächeln und Augenkontakt entschärfen oft eine knifflige Situation, doch man muss auch vorbereitet sein, um den Schaden zu begrenzen, und nötigenfalls flüchten. Allerdings wird man wahrscheinlich von der Gastfreundschaft und Freundlichkeit der Einheimischen überrascht sein. Auf keinen Fall jedoch darf man die Bequemlichkeit über seine persönliche Sicherheit setzen. Beachte die folgenden Stichpunkte:

Motorrad – Deine wichtigste Überlegung bei der Übernachtung in einem Hotel oder auf einem Campingplatz ist ein sicherer Parkplatz für die Maschine. An vielen Orten, die nicht über einen sicheren Parkplatz verfügen, darf man das Motorrad im Vorraum oder in der Eingangshalle abstellen – frage einfach den Manager. Ungeachtet der Parkmöglichkeit, sollte das Motorrad immer abgedeckt werden – dies ist die bei Weitem beste Sicherheitsvorrichtung, und man wird überrascht sein, wie »unsichtbar« das Motorrad wird. In den meisten Ländern sind Diebstähle von ganzen Fahrzeugen nicht das Problem, dafür aber Gelegenheitsdiebe, und ein paar in eine Kleinstadt rollende voll beladene Reiseenduros sorgen rasch für Aufmerksamkeit.

Fahrerbekleidung und -ausrüstung – Abgesehen vom Mitführen der Fahrerausrüstung ist eine der besten Sicherheitsoptionen der Einsatz eines flexiblen und abschließbaren Drahtmaschennetzes, das entweder außen über den Gepäckträger gelegt oder einfach als Haltetasche für die Fahrerbekleidung genutzt wird, wenn

man eine Touristenattraktion besichtigt. Man bringt seine Bekleidung einschließlich Stiefel und Helm darin unter und wirft die Abdeckung über das Motorrad, während man in Freizeitkleidung umherlaufen kann. Eine weitere nützliche Investition ist ein Spiralkabelschloss, das durch den Helm und Ärmel gezogen wird, um es dann an einem sicheren Punkt des Motorrades anzuschließen. Sind die sperrigen Dinge am Motorrad gesichert, kann man problemlos spazieren oder einkaufen gehen. Vorsicht ist bei anderen Ausrüstungsgegenständen – besonders hochwertigen Gegenständen wie Kameras oder anderen Elektronikteilen – geboten. Sie sollten möglichst mitgeführt oder in gut versteckten oder schwer erreichbaren Bereichen des Gepäcks verstaut werden.

Unfälle – Der größte Albtraum des Abenteuerreisenden. Das einzige Zauberwort heißt Versicherung – achte vor dem Abschluss darauf, dass die Deckung ausreicht, und prüfe im Kleingedruckten, ob es keine versteckten Haken gibt. Wenn man der Geschädigte ist, muss die Versicherung so bald wie möglich kontaktiert werden, um medizinische Hilfe oder eine Rückführung zu arrangieren. War man unvorsichtig und hat einen Einheimischen verletzt, muss mit viel Ärger gerechnet werden, da selbst die kleinste Verletzung lebensgefährlich werden kann, wenn das Opfer auf eine große Entschädigung hofft. Es ist unbedingt nötig, ruhig zu bleiben und möglichst auch Hilfe zu leisten. Irgendwann wird auch die lokale Polizei mit einbezogen, doch entscheide selbst, wann es an der Zeit ist, den Schaden oder die Verletzung zu begleichen. Dies wird üblicherweise nicht billig, doch man kann seine Reise etwas ärmer – und weiser – fortsetzen. Erwarte von der an der Grenze gekauften Versicherung keinerlei Nutzen, aber andernfalls hättest du woanders Bakschisch zahlen müssen. Wann immer möglich, muss ein Unfall oder Zwischenfall möglichst bald der Polizei gemeldet – und auf einen Bericht bestanden werden. Dies kann in

↑ **Mache Gelegenheitsdieben den Zugang zu deinem Gepäck möglichst schwierig.**
📷 Robert Wicks

↓ **Selbst der kleinste Sturz kann am falschen Platz gefährlich werden.**
📷 Touratech

↑ An Grenzübergängen müssen das Motorrad und das Gepäck besonders gut gesichert sein.
📷 Globebusters

verschiedenen Ländern sehr schwierig werden, ist aber im Falle eines Versicherungsanspruchs unerlässlich.

Schmiergelder und andere Zahlungen – Bestechung in allen Formen gehört zum Leben in der Dritten Welt dazu. An den meisten Grenzübergängen bieten sich Einheimische als »Guides« an, um einem durch die manchmal umständlichen Zollprozeduren zu helfen. Dies kann gut angelegtes Geld sein, um Schereien zu umgehen und Zeit zu sparen, die man andernfalls in langen Schlangen und beim Abklappern verschiedener Stellen verbringt. Handle vor einer Zusage einen Preis aus, aber sei auf Nachforderungen vorbereitet. Gib niemals deinen Reisepass oder andere Papiere heraus, sondern bestehe darauf, dass du sie den Beamten selbst übergibst und dein »Helfer« immer bei dir bleibt. Wenn man schließlich fertig ist, wird es Zeit zum Bezahlen. Es kann sehr lustig sein, wie schnell mancher Helfer nicht mehr dein bester Freund ist, wenn du seiner Forderung nach einer Verdoppelung des ausgehandelten Betrags nicht nachgibst. Wieder auf der Straße, wird man es wahrscheinlich mit örtlichen Polizisten zu tun bekommen, und als Tourist wird man ihr unausweichliches Ziel. Man wird wegen kleinster Verkehrsvergehen angehalten und zur Zahlung eines Verwarngeldes gebeten. Normalerweise ist Diskutieren und Bestreiten sinnlos, sodass man besser bezahlt und rasch weiterkommt – erwarte aber keine Quittung.

Kommunikation – Dies klingt nicht nach Sicherheitsbetrachtung, doch wenn man mit zwei oder mehr Leuten reist, ist Kommunikation zwischen den Motorrädern eine der besten Sicherheitsmaßnahmen, für die sich eine Investition lohnt. Wenn man in einer belebten Stadt ohne vernünftige Beschilderung die Karte lesen muss, um hindurchzukommen, kann man nicht immer ein Auge auf den Rest der Gruppe richten und wird leicht getrennt. Zwei Augenpaare sind immer besser als eines – während der Anführer damit beschäftigt ist, zügig Straßenverläufen zu folgen, kann der Gruppenletzte alles beobachten und auf Gefahren aufmerksam machen. Abseits des Motorrades ist ein simples Handy eine große Bereicherung. Dies sollte vor Ort mit einer Prepaid-SIM-Karte ausgerüstet werden,

← Um nicht zu viele Währungen mitführen zu müssen, sollten wichtige Dinge bereits an der Grenze gekauft werden.
📷 Robert Wicks / Globebusters

um die horrenden Roaming-Gebühren für den heimischen Anschluss zu umgehen. Frage aber den Händler, ob er die Karte aktivieren kann, wenn du der fremdsprachigen Anleitung nicht folgen kannst. Geht die Reise durch besonders abgelegene Gebiete, sollte über den Kauf oder die Miete eines Satellitentelefons nachgedacht werden.

Geld – Nur Bares ist Wahres! Kreditkarten werden nur in größeren Städten akzeptiert, sodass man sich nicht allein darauf verlassen darf. Am besten hat man immer eine ausreichende Menge einheimischen Bargelds zur Hand, um zumindest Nahrung und Benzin kaufen zu können. Wechselstuben finden sich generell an der Grenze, doch darf hier nicht der günstigste Kurs erwartet werden. In größeren Städten kann man nach Banken oder Geldautomaten Ausschau halten. Eine sichere Unterbringung des Geldes ist unerlässlich. Halte einige Münzen und Scheine für kleinere Einkäufe griffbereit, aber sorge dafür, dass größere Geldmengen gut im Gepäck oder einem Geldgürtel versteckt sind. Besteht auf der Reise die Gefahr von Raubüberfällen, sollte man eine Portemonnaie-Attrappe mitführen und den Hauptteil seines Geldes irgendwo anders verstecken. Verhalte dich unverdächtig und vermeide einen pompösen Auftritt. Halte Geld und Kreditkarten versteckt – möglichst in einer Gürteltasche –, und sei beim Bezahlen diskret – besonders bei Geschäften an der Straße. Sei besonders auf Märkten und in belebten Straßen auf Taschendiebe vorbereitet und trage deinen Geldbeutel in einer vorderen Tasche – niemals in der hinteren Hosentasche.

Systeme – Das Entwickeln von Systemen und Routinen macht das Leben auf der Straße einfacher. Packe beispielsweise deine Schlüssel immer in dieselbe Tasche, wenn du nicht fährst. Halte deine Koffer gut aufgeräumt, um Dinge leichter wiederzufinden. Routine macht eine fremde Umgebung etwas vertrauter, was wiederum bedeutet, dass man weniger vergisst oder sich unnötigen Risiken aussetzt.

↓ Selbst in den abgelegensten Gebieten muss man auf seine Sicherheit achten.
📷 Robert Wicks

← Wenn ich größere Mengen kaufe, bekomme ich vielleicht Rabatt …
📷 Touratech

Umgang mit kulturellen Unterschieden

Dafür, den Übergang in ein neues Land zu erleichtern, gibt es keine Zauberformel – aber ein paar Dinge, die helfen können. Zuerst sind Erkundigungen über das zu bereisende Land äußerst nützlich. Sich über grundlegende kulturelle und religiöse Unterschiede im Klaren zu sein und sich die Mühe zu machen, auch nur ein paar Wörter der einheimischen Sprache zu erlernen, macht einen riesigen Unterschied aus. Dies sorgt nicht nur dafür, dass man von Beginn an besser zurechtkommt, sondern auch für unverzüglichen Respekt – wenn du für die Sprache und Kultur anderer Menschen Interesse zeigst, werden sie auch an dir interessiert sein, und dies kann helfen, Dinge besser voranzubringen. Zweitens muss man immer unvoreingenommen und lernwillig sein und stets versuchen, über die Stereotypen und Falschinformationen hinauszublicken, die oft über bestimmte Länder existieren. Erwarte auch nicht, dass Dinge auf die gleiche Weise geschehen wie daheim. Erst nachdem man einige Zeit in einem bestimmten Land verbracht hat, darf man damit beginnen, Urteile dieser Art abzugeben. Es ist ebenfalls wichtig, lokale Gesetze zu kennen – und zu befolgen.

Besonders auf längeren Reisen muss man immer darauf vorbereitet sein, ein paar Tage in größeren Städten zu verbringen. Dies kann bezüglich der Fahrgewohnheiten, der Ernährung, der Bürokratie und der Kultur echte Schocks auslösen, doch Unvoreingenommenheit erlaubt einem nicht nur, seine Visa zu organisieren, Reparaturen ausführen zu lassen, Geld zu tauschen, E-Mails zu kontrollieren und lebenswichtige Dinge einzukaufen, sondern es bietet einem auch die Chance, einen völlig anderen Lebensstil zu erfahren die Welt aus einer ganz anderen Perspektive zu sehen.

Für Touristen aus dem reichen Westen ist es unvermeidbar, dass man irgendwann einen lächelnden Menschen trifft, der seine Dienste als Guide anbietet. Er wird mit List und Charme versuchen, einen durch die Stadt führen zu dürfen. Wenn du einwilligst, wird der Ausflug im Schmuck- oder Teppichgeschäft seines Cousins enden, wo dir ein ebenfalls charmanter Mensch Tee anbieten und dich zu einem äußerst günstigen Geschäft überreden wird. Für diese Kerle bist du eine Einkommensquelle, und sie können äußerst hartnäckig sein, aber entscheide selbst, wann es Zeit wird, Nein zu sagen – und zwar höflich, aber bestimmt. Falls du dich entscheidest, etwas zu kaufen, wird von dir regelrecht erwartet, dass du den Preis herunterhandelst.

↑ Hier kann die Bergung schwierig werden.
📷 Nik Boseley

→ Ein gutes Feuer hält einen warm, kocht das Essen und trocknet auch noch die nassen Socken!
📷 Istock

Als Letztes sei angemerkt, dass das Leben in Ländern der Dritten Welt generell etwas langsamer verläuft, und je eher man sich daran gewöhnt, desto besser. Nutze die Gelegenheit, die Brücke in eine neue und aufregende Kultur zu überqueren – in den meisten Fällen sind es äußerst lohnenswerte Erfahrungen.

Überlebenstechniken

Wenn die Abenteuerreise durch sehr abgelegene Gegenden führt, besteht die Gefahr, dass man irgendwo liegen bleibt. Hierauf vorbereitet zu sein, erfordert nur wenig Mühe, kann aber durchaus lebensrettend sein.

Vor der Abfahrt sollte sichergestellt sein, dass irgendjemand weiß, wie die Reise verläuft, welche Route wahrscheinlich gewählt wurde und wann man an seinem Ziel ankommen will. Ebenso sollte man möglichst dafür sorgen, dass man an seinem Ziel erwartet wird – besonders, wenn man solo unterwegs ist. Fährt man zusammen mit anderen Leuten, müssen alle über die Route im Bilde und ein Notfallplan vorhanden sein.

Im Fall eines ernsthaften Problems muss man sich zuerst über seine Situation im Klaren werden. Zuallererst ist es wichtig, ruhig und gefasst zu bleiben – Panik löst kein Problem und kostet nur Kraft. Es sollte eine Landkarte der gerade bereisten Gegend vorhanden sein, damit man grob seine Position ermitteln kann. So kann man bestimmen, wo sich wahrscheinlich die nächste Ansiedlung oder Straße befindet. Nach der ersten Einschätzung gibt es einige grundlegende Punkte, um für seine Sicherheit und sein Wohlergehen zu sorgen, bis man gerettet oder geborgen wird. Die grundlegenden Erfordernisse sind eine Unterkunft, Wasser und Nahrung.

Eine **Unterkunft** schützt vor Wetterextremen, Kälte, Wind, Regen und direkten Sonnenstrahlen. Dies hilft, Energie zu sparen, und reduziert die Dehydrierung. Ein Zelt ist ideal, aber ein simples Biwak oder eine am Motorrad angebundene Plane bieten ebenfalls Schutz – alles ist besser als nichts.

Wasser ist lebenswichtig, um nicht zu dehydrieren, und man darf frühe Anzeichen einer Austrocknung nicht ignorieren. Die Wichtigkeit, eine ausreichende Menge Wasser mitzuführen, kann nicht genug betont werden. Menschen halten es nur wenige Tage ohne Wasser aus – also muss man so viel wie möglich dabeihaben. Beachte, dass die benötigte Menge an Flüssigkeit deutlich ansteigt, sobald man sich bewegt.

Ernährung ist der letzte Punkt der Prioritätenliste, da man ziemlich lange ohne Essen auskommt. Wie beim Wasser

↑ **Wetterschutz hat oberste Priorität!**

📷 Touratech

muss man jedoch der Versuchung widerstehen, alles aufzuessen, da es lange dauern kann, bis man gerettet wird. Sowohl die Verdauung als auch die Darmentleerung verbrauchen Wasser, sodass weniger essen hilft, die Wasservorräte länger zu erhalten.

Nachdem die grundlegenden Erfordernisse angesprochen wurden, kann man seine Situation beurteilen und mögliche Optionen abschätzen. Wenn ein zweites Motorrad dabei ist, kann überlegt werden, jemanden loszuschicken, um Hilfe zu holen. Oder man lässt sein Motorrad zurück und fährt auf dem Rücksitz des anderen mit. Reist man allein, sind fraglos Mobil- oder Satellitentelefone die einfachste und zweckmäßigste Methode, Alarm auszulösen und zuständige Organisationen über die Zwangslage zu informieren.

Meistens ist es am besten, vor Ort zu bleiben, so gut wie möglich auf sich aufmerksam zu machen und auf Hilfe zu warten. Falls man etwas Brennbares zur Hand hat, kann man mit einem Feuer Rauch erzeugen, der bei Tage viele Kilometer sichtbar ist. Steine und Kleidung können zu ausreichend großen Symbolen gelegt werden, dass sie von Flugzeugen aus zu erkennen sind. Nachts kann man den Scheinwerfer des Motorrades als Leuchtfeuer einsetzen, das bis zu 20 km sichtbar ist.

Hat man allerdings kein Signal oder Satellitentelefon, wird es Zeit, einen Blick auf die Karte zu werfen, um zu sehen, wie weit weg man von Hilfe entfernt ist. Versuche zunächst möglichst sicher deinen Aufenthaltsort zu bestimmen. GPS-Koordinaten lassen sich perfekt auf eine Karte übertragen, doch ohne sie muss man eine Landkarte lesen und einen Kompass bedienen können. Versuche, einen möglichst hohen Punkt zu erreichen, um einen Überblick über die Gegend zu erhalten, und die eigene Position, Orientierungspunkte und mögliche Fluchtwege bestimmen zu können.

Kälte kann gefährlich sein, wenn man nicht darauf vorbereitet ist. Es ist lebenswichtig, die Kerntemperatur des Körpers zu halten, da man sonst sehr schnell unterkühlt und Erfrierungen erleidet. Die ersten Signale sind eindeutig – Taubheit in den Fingern und Zehen, starkes und unkontrollierbares Zittern und Steifigkeit. Die zweite Stufe der Unterkühlung mag für den Leidenden nicht so offenkundig erscheinen und beinhaltet Desorientierung und Verwirrung, gefolgt von Ungeschicklichkeit und mangelnder Koordination. Kalte Winde können besonders bei feuchtem Wetter zu extrem schnellem Wärmeverlust führen, sodass das Tragen von geeigneter Kleidung lebenswichtig ist, wenn die Route in eine kühle Gegend führt.

Mehrere Schichten Kleidung und abgedichtete Ritzen sind die wirksamsten Methoden, sich selbst zu isolieren. Zwei oder drei dünne Schichten halten meistens besser warm als eine dicke Schicht. Naturfasern sollten gemieden werden, da diese Körperfeuchtigkeit aufnehmen und so die Kühlwirkung erhöhen, wenn diese verdampft. Besser benutzt man Kleidung aus sogenannten technischen oder absorbierenden Fasern, die den Körper atmen lassen, ohne feucht zu werden. Die meisten Motorradanzüge für Enduroreisende sind mit einer herausnehmbaren Innenlage ausgerüstet. Bei extremen Temperaturen oder Regen sollte auch eine einteilige Kombi in Betracht gezogen werden – obwohl klobig, hat sie den Vorteil, Wind- und Wetterschutz zu bieten und dabei Wärmeverluste zwischen Jacke und Hose zu minimieren.

Finger und Zehen werden immer zuerst kalt, sodass Vorsichtsmaßnahmen ergriffen werden müssen, um sie zu schützen.

Aus den oben angeführten Gründen stellt Kälte eine echte Lebensgefahr dar, sodass man sich bei Problemen unverzüglich einen Unterschlupf organisieren muss. Hat man ein Zelt oder eine Plane dabei, muss man an einer möglichst windstillen Stelle mit dem Aufbau beginnen, dabei kann auch das Motorrad als Windschutz dienen. Beim Aufbau darf nicht zu viel Kraft verschwendet werden, da man viel Energie benötigt, um sich warm zu halten.

Der Schlafsack und die Isomatte müssen möglichst wirksam als Isolierung zwischen dem Körper und dem Boden genutzt werden, nötigenfalls sollte eine Folie oder dünne Äste daruntergelegt werden, um das Eindringen von Feuchtigkeit zu vermeiden. In extremen Situationen muss der Schlafsack mit Kleidung unterfüttert werden. Im Schlafsack liegend, sollte man dünne Unterwäsche und nötigenfalls das Innenfutter seiner Kombi tragen. Gefahr besteht auch durch Überhitzung, da dies zu einer starken Kondensation im Schlafsack führt, was die Füllung feucht werden lässt und ihre Isolationsfähigkeit verringert. Tagsüber hilft ein Feuer beim Warmhalten, zudem hilft sein Rauch, Helfer auf sich aufmerksam zu machen.

Einige wichtige Dinge können den Unterschied zwischen Leben und Tod ausmachen. Außerdem darf man niemals vergessen, dass eine logische Denkweise und die Fähigkeit, locker zu bleiben und nicht in Panik zu geraten, wahrscheinlich die besten Überlebenstechniken sind. Ein Überlebenskit sollte aus folgenden Dingen bestehen:

- Wasser
- Wasserfilter und Reinigungstabletten
- Nahrungsmittel
- Notfalldecke
- Taschenlampe
- Scharfes Messer
- Kompass
- Landkarte
- Schreibstift
- Feuerzeug oder Streichhölzer
- Stabile Plastikplane
- Draht
- Erste-Hilfe-Set
- Persönliche Medikamente

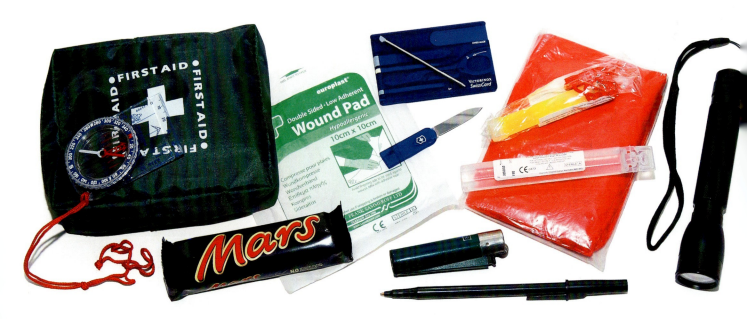

Erste Hilfe

Egal, ob man allein oder mit Freunden reist – eine Erste-Hilfe-Grundausstattung und eine gewisse Grundkenntnis über deren Einsatz gehören unbedingt zum Reisegepäck. Auch kleinere Verletzungen oder erste Anzeichen von Erkrankungen müssen sorgfältig behandelt werden, um sie nicht schlimmer werden zu lassen. Selbst der härteste Abenteurer kann durch eine Infektion oder eine unbehandelte oder verschmutzte Wunde außer Gefecht gesetzt werden.

Es ist lebenswichtig, eine ausreichende medizinische Versorgung sicherzustellen – verlasse dich nicht darauf, unterwegs alles bekommen zu können. Es gibt eine Grundausstattung für das Erste-Hilfe-Set im Reisegepäck, doch man muss auch darauf achten, nicht zu weit zu gehen und viel zu viel mitzunehmen.

Der erste Schritt liegt darin, das Problem zu erkennen und abzuschätzen. Ist man selbst in der Lage, Hilfe zu leisten, oder wird es zu kompliziert? Mit einer Verletzung wie einem verstauchten Fuß muss man über jede Handlung zweimal nachdenken. Kann ich noch gehen oder belastet werden? Falls ja, ist es vielleicht besser, vorsichtig weiterzufahren und im nächsten Ort um Hilfe zu bitten. Ein Risiko bei vielen Verletzungen ist das Anschwellen – und dies wird nicht sofort sichtbar, weil sich noch der Stiefel darüber befindet. Zieht man den Stiefel jedoch aus, schwillt das Fußgelenk an und es wird unmöglich, den Schuh wieder anzuziehen, sodass eine Weiterfahrt erst nach dem Abschwellen wieder möglich wird.

Auch kann man sich sehr leicht das Knie verdrehen, weil man instinktiv das Bein ausstreckt, sobald man sich auf dem Motorrad instabil fühlt. Kann man auch hier gehen und ist belastbar, ist es klug, dem Bein mit Kompressions- oder elastischen Bandagebändern zusätzliche Unterstützung zu bieten. Allerdings muss man beachten, dass eine zweite Verdrehung eines bereits geschwächten Knies nicht nur extrem schmerzhaft ist, sondern auch das Risiko einer dauerhaften Schädigung birgt.

Knochenbrüche sind sehr schwierig zu handhaben und sollten nur selbst behandelt werden, wenn man wirklich weiß, was man tut, und keine andere Wahl hat. Bei einem Beinbruch muss versucht werden, den Schenkel ruhig zu stellen, indem man ihn mit Seilen oder Klebeband am anderen »guten« Schenkel sichert. Ist der Bruch offensichtlich verschoben, muss er so belassen werden, bis Hilfe kommt. Ähnliche Techniken können bei Arm- oder Schlüsselbeinbrüchen sowie ausgerenkten Schultern angewendet werden, indem man den Arm in einer klassischen Schlinge stützt und nötigenfalls gegen den Körper bindet.

➔ Ein gut durchdachtes Erste-Hilfe-Set kann zu einem echten Lebensretter werden.
📷 Lifesystems

↑ Ein Wasserfilter kann eine sinnvolle Hilfe gegen Dehydration sein.
📷 Andrew Smith

Wenn ein verletzter Mitreisender in der Lage ist, auf dem Rücksitz mitzufahren, und die Piste nicht zu holperig ist, muss im nächsten Ort Hilfe gesucht werden. Ansonsten macht man es dem Verletzten so bequem wie möglich, bevor man allein losfährt. Es ist sehr wichtig, zu erkennen, dass bereits eine kleine Verletzung – besonders an den Händen oder Füßen – die Beherrschbarkeit des Motorrades beeinträchtigen kann.

Schnitt- und Platzwunden kommen beim Motorradfahren eher selten vor, da bereits die normale Motorradkleidung gut davor schützt. Dennoch gelten auch hier grundlegende Erste-Hilfe-Regeln. Das Reinigen der Wunde ist sehr wichtig, da Infektionen immer eine Gefahr darstellen. Es sollten möglichst Maßnahmen zum Reinigen der Wunde eingeleitet werden, zumindest muss eine weitere Verunreinigung verhindert werden. Abgekochtes und wieder abgekühltes sowie mit etwas Salz versehenes Wasser ist eine effektive Reinigungslösung, die zudem leicht keimtötend wirkt.

Falls eine Wunde stark blutet, muss sie zuerst mithilfe sauberer Kleidung abgebunden werden, damit weitere Behandlungen möglich sind. Es ist auf jeden Fall wichtig, dass die Wunde verschlossen wird, und bei mangelnden medizinischen Kenntnissen kann eine Schnittwunde auch mit Pflaster und Verbandsmaterial zusammengehalten werden, statt sie zu nähen. Eine Verletzung dieser Art erfordert auf jeden Fall so früh wie möglich professionelle medizinische Hilfe.

Bei Erkrankungen hängen zweifellos die häufigsten Probleme mit dem Magen zusammen, da man sich hier sehr leicht durch schlecht zubereitete Nahrung oder verseuchtes Wasser etwas einfangen kann. Die Wirkung kann manchmal fast augenblicklich einsetzen, benötigt aber meistens zwischen vier und acht Stunden. Die Folge ist Brechdurchfall, was nicht nur sehr unangenehm ist, sondern auch stark dehydrierend wirkt. Wichtig ist, zunächst die Gefahr des Austrocknens zu verhindern, aber das Trinken von gereinigtem Leitungswasser kann eventuell nicht ausreichen, weil man sehr viele Mineralien und Salz verliert.

Rehydrationslösungen können beispielsweise unter dem Namen Dioralyte in Pulverform in Apotheken beschafft werden. Sie bestehen aus verschiedenen Elektrolyten, Salzen und Glukose, die in Verbindung mit Wasser dessen Aufnahme vom Körper verbessern. Energydrinks und isotonische Getränke helfen ebenfalls, müssen jedoch vor dem Trinken von der Kohlensäure befreit werden. Zu beachten ist, dass zu viel Zucker die Wasseraufnahme behindern kann. Im Notfall (und von der WHO empfohlen) können ein halber Teelöffel Salz und zwei bis drei Teelöffel Zucker (möglichst Traubenzucker) in einem halben Liter sauberem Wasser gelöst werden, um ein wirksames und einigermaßen genießbares Mittel herzustellen.

Die Wirkung einer Dehydrierung darf nicht unterschätzt werden – der körpereigene Bewältigungsmechanismus beginnt mit zunehmender Dehydrierung zu sinken, und bei fortgeschrittener Austrocknung setzen Verwirrung und Müdigkeit ein, weil das Gehirn und andere Körperorgane mit weniger Blut versorgt werden. Dies hat wiederum einen großen Einfluss auf das Fahren, die Konzentrationsfähigkeit und die Beherrschung des Motorrades.

Bestandteile des medizinischen Notfallkits

- Spritze mit Nadeln
- Schmerzmittel
- Entzündungshemmende Tabletten
- Narkosecreme
- Augentropfen
- Kohletabletten/Durchfallmittel
- Rehydrierungsbeutel
- Breitbandantibiotika
- Desinfektionsflüssigkeit/-tücher
- Sterile Einmalhandschuhe
- Schere und Pinzette
- Nähkit
- Mikroporenpflaster
- Kohäsive Stützbandagen
- Kompressionswatte
- Tampons
- Pflaster in allen Variationen

Gruppenfahrten und -dynamik

Vor einem Reiseabenteuer ist es eine sehr wichtige Entscheidung, ob man allein, mit einem Freund oder mit einer größeren Gruppe fahren möchte, da dies Auswirkungen auf vielerlei Dinge hat. Wenn man bereits einige Reiseerfahrungen hat, kann ein Solotrip in Betracht gezogen werden. Enduroneulinge sollten hingegen besser in der Gruppe oder mit Freunden verreisen oder sogar an einer professionell organisierten Tour teilnehmen, um ihr Ziel zu erreichen.

Solo-Reise

Allein zu verreisen, bietet mit Sicherheit maximale Flexibilität – man kann seiner eigenen Route folgen, anhalten, wann man möchte, und mit einem Reisetempo fahren, das einem gefällt. Nachteile sind, dass man schutzloser ist und bei technischen oder anderen Problemen diese selbst beheben muss oder auf die Hilfe fremder Menschen angewiesen ist. Wenn das Motorrad in weichen Sand fällt, wird man sich rasch einen Helfer herbeisehnen. Allein vollbrachte Leistungen sind sehr befriedigend, doch man hat niemanden, mit dem man sowohl die guten als auch die schlechten Momente der Reise teilen kann. Auch hat man mit allen Dingen direkt zu tun und ist gezwungen, sich weit öfter mit Einheimischen auseinandersetzen zu müssen, um Dinge erledigt zu bekommen.

Reisen zu zweit

Mit einem Freund zusammen zu reisen, der die gleichen Ziele und Erwartungen hat, kann äußerst lohnend sein. Gleichwohl sind einige der bekanntesten Expeditionen und Abenteuerreisen der Welt aufgrund unterschiedlicher Persönlichkeiten und Charaktere gescheitert oder zumindest sehr problematisch geworden. Daher ist es wichtig,

↓ Allein zu reisen, bietet maximale Flexibilität.
📷 Touratech

⬇ **Fangt mich, wenn ihr könnt …**
📷 Thorvaldur Orn Kristmundsson

die mitreisende Person gut zu kennen sowie ihre Erwartungen und Interessen zu verstehen (neben den eigenen). Möglichst sollte sogar ein Plan für den Fall vorhanden sein, wenn die Situation zum Horror wird und man sich inmitten der Tour entscheidet, getrennt weiterzufahren. Unter diesen Umständen muss man vor irgendwelchen Entscheidungen immer sorgfältig die Vorzüge der Trennung, das Risiko und die Wichtigkeit der Freundschaft abwägen. Zu zweit auf einem Motorrad zu fahren, ist ebenfalls eine Option, hat jedoch einige ernsthafte Folgen – das zusätzliche Gewicht des Beifahrers macht das Motorrad besonders in rauem Gelände oder tiefem Sand schwieriger beherrschbar. Der andere Nachteil ist die begrenzte Gepäckkapazität, und der Transport von zwei Personen samt Gepäck bedeutet, dass die Zuladungsgrenze noch schneller erreicht wird.

Gruppen

Selbst mit den besten Vorsätzen wird man eine größere Gruppe von Leuten nur schwer dazu bringen können, im gleichen Zeitrahmen und mit ähnlichem Budget das gleiche Ziel anzusteuern. Anfänglicher Enthusiasmus verliert sich, sobald die Sache ernsthafter wird – und es endet oft mit einer wesentlich kleineren Gruppe als ursprünglich geplant. Wenn man tatsächlich erfolgreich eine Gruppe zusammenbekommt, hat dies zahlreiche Vorteile:

- Sie bietet eine große Sicherheit – allein aufgrund der Anzahl, hinzu kommt ein Element der Verantwortung für andere.
- Wahrscheinlich kommen viele verschiedene Fertigkeiten und Erfahrungen zusammen – manche Teilnehmer sind eher technisch begabt, während andere gut im Navigieren, in Erster Hilfe oder im Planen sind.

- Es ist eine großartige Möglichkeit, seine eigenen Erfahrungen zu sammeln und sich auf eine Soloreise vorzubereiten.
- Man kann Erfahrungen, Pflichten und Entscheidungen teilen.

Gruppenreisen haben im Allgemeinen folgende Nachteile:
- Man hat nicht sehr viel Kontakt mit Einheimischen.
- Bei unterschiedlichen Interessen der Mitreisenden wird es bei der Route nur wenig Flexibilität geben.
- Es entsteht mehr Druck, die gesetzten Ziele zu erfüllen.
- Es können sich eine unbequeme Gruppendynamik und sogar Zusammenstöße zwischen Gruppenmitgliedern entwickeln.

Manchmal können die kleinsten Anlässe starke Reaktionen auslösen, dies gilt besonders, wenn man in einem unterentwickelten Land nur begrenzte Kommunikationsmöglichkeiten hat, wenig oder falsche Informationen vom Entscheidungsträger kommen, extremes Klima herrscht, einem desinteressierte Staatsdiener gegenüberstehen und man mit großen Sprachbarrieren kämpfen muss. Die im Zusammenhang mit allen möglichen Szenarien verbundenen Risiken im Hinterkopf habend, ist es unverzichtbar, dies alles in der Planungsphase zu besprechen und entsprechende Strategien zu formulieren.

Ein stärker strukturierter Trip bietet verschiedene und besonders für Neulinge beachtenswerte wichtige Punkte:
- Weniger Unbekanntes (z. B. die Kosten) und mehr Strukturen.
- Eine Möglichkeit, mit Gleichgesinnten zu fahren und vielleicht Freundschaften für zukünftige Reisen zu schließen.
- Das Profitieren von lokalem Wissen und die Chance, weniger bekannte Routen zu erkunden.

Die Entstehung dieses Buches

⬇ **Thorvaldur bei seinen Zauberkünsten auf Island.**
📷 Robert Wicks

Trotz der vielen weltweit erhältlichen Reiseendurofotos war es schwierig, ausreichend gute Schritt-für-Schritt-Fotos zu finden, um ein solches Buch zu illustrieren. Um dieses Problem zu lösen, reisten die Autoren nach Island und taten sich mit dem führenden Enduroreisen-Unternehmen namens Biking Viking zusammen.

»Ich bin bereits vorher um Island herumgefahren, allerdings nur in einem Allradfahrzeug, und ich hatte immer das Gefühl, einen der weltbesten Orte für Geländemotorräder zu erleben«, erklärt Autor Robert Wicks. Auf etwa 103 000 km² Fläche hat Island eine sehr vielfältige Geografie und bietet sich perfekt als Spielfeld und Hintergrund für viele Fotos an.

Die Autoren baten Simon Pavey um Hilfe – einen der führenden Geländefahrer Großbritanniens und mehrmaligen Rallye-Dakar-Teilnehmer. »Ich hatte davon gehört, dass man auf Island gut Motorradfahren könne, doch ich habe keine dermaßen atemberaubende Landschaft, abwechslungsreiche Umgebung und verschiedene Terrains erwartet«, sagt Simon, der in Wales ein BMW-Trainingszentrum leitet.

»Beständigkeit in den Bildern zu haben, war ein wichtiger Faktor beim Layout des Buches, und in die verschiedenen Techniken, die wir fotografieren wollten, musste eine Menge Planung einfließen. Mit ihrem Expertenwissen über das Land sorgte das Team von Biking Viking dafür, dass wir alles bekamen, was wir wollten«, sagt Koautor Greg Baker.

Das Team von Biking Viking

Eythor Orlygsson – Ein Partner von Biking Viking, ist ein erfahrener Offroader, dessen geschickten Technikkenntnisse auf den schwierigeren Hochlandtouren oft getestet werden. Eythor war schon an jedem Punkt Islands, doch wenige Tage vor der Reise brach er sich bei einem Motorradunfall das Bein und konnte uns nur im Support-Fahrzeug begleiten.

Ingolfur Stefansson – Ebenfalls Partner der Biking Vikings und zudem Fahrer des offiziellen 4x4-Landrovers. Er kennt die Insel wie seine Westentasche, kocht das beste Lammfleisch von Island und hat noch viele andere Fähigkeiten …

Njall Gunnlaugsson – Gründer der Biking Vikings, fährt seit 25 Jahren Motorrad. Er ist zertifizierter Instruktor und hat viel über die Geschichte des Motorrades in Island geschrieben.

Hjortur L. Jonsson – Der »alte Mann« der Gruppe fährt immer vorn und ist auf allen Untergründen beeindruckend schnell. Der Kerl mit der Lederkappe weiß genau, wo sich ein gewünschter Bildhintergrund findet, und kennt die lustigsten Motorradfahrergeschichten.

Thorgeir Olason – Der »ruhige Mann« war unser zweiter Guide. Er ist ein äußerst talentierter Fahrer, der locker die höchsten Schwierigkeitsgrade meistert.

Thorvaldur Orn Kristmundsson – Auf Island unser Mann hinter der Kamera. Er hat die meisten der Fotos dieses Buches geschossen.

Die Gruppe verbrachte im August 2008 gemeinsam Zeit auf Island, um Fotos zu machen, Informationen zu sammeln und das Offroad-Fahren zu genießen.

Literatur / Internetadressen

Weiterführende Literatur

Bales, Donnie und Semics, Gary: Offroad – Fahrtechnik für Enduro-Sport und Motocross. Delius Klasing Verlag / Moby Dick 2008

Bobke, Susa und Seul, Shirley: Motorradhandbuch für Frauen. Delius Klasing Verlag / Moby Dick 2007

Boxberg, Susi: Von Köln nach Kapstadt – Mit dem Motorrad von Köln nach Kapstadt. Delius Klasing Verlag / Moby Dick 2008

Hohmann, Hans: Motorradelektrik in der Praxis, Grundlagen – Pannenhilfe – Tipps. Delius Klasing Verlag / Moby Dick, Kiel 2007

Nepomuck, Bernd L. und Janneck, Udo: Das Schrauberhandbuch, Technik – Wartung – Instandsetzung. Delius Klasing Verlag / Moby Dick, Kiel 2011

Peters, Erik: Oman–Island – Mit dem Motorrad aus 1001 Nacht zur Mitternachtssonne. Delius Klasing Verlag / Moby Dick 2011

Robinson, John: Motorradvergaser und Einspritzsysteme. Delius Klasing Verlag / Moby Dick 2008

Stünkel, Udo: 1000 Tipps für Motorradfahrer. Delius Klasing Verlag / Moby Dick 2004

Weighill, Keith: Motorradwartung und Reparatur. Delius Klasing Verlag / Moby Dick 2005

Wiedemann, Doris: Unterwegs zum Roten Drachen – Mit dem Motorrad durch China. Delius Klasing Verlag / Moby Dick 2009

Wolf, Hartmut: Outback Blues – Mit dem Motorrad durch Australien. Delius Klasing Verlag / Moby Dick 2009

Reihe »Wartung und Reparatur«, diverse Motorradmodelle. Delius Klasing Verlag / Moby Dick

Ausgewählte Websites zum Thema Reiseausrüstung

Acerbis.it
Berndtesch.de
Camelbak.com
Dainese.com
Happy-trail.com
Hein-Gericke.com
Kriega.com
Ortlieb.com
Overland-Solutions.com
Metalmule.com
Pac-safe.com
Pelican.com
Rukka.com
Touratech.com
Wunderlich.de
Zyro.co.uk

Die Originalausgabe dieses Buches erschien unter dem Titel »Adventure Riding Techniques« bei Haynes Publishing, Sparkford/England.
© Robert Wicks / Greg Baker, Haynes Publishing 2009

Bibliografische Information der Deutschen Nationalbibliothek
Die Deutsche Nationalbibliothek verzeichnet diese Publikation in der Deutschen Nationalbibliografie; detaillierte bibliografische Daten sind im Internet über http://dnb.d-nb.de abrufbar.

1. Auflage
ISBN 978-3-7688-5324-8
© Moby Dick Verlag, Raboisen 8, 20095 Hamburg

Einbandgestaltung:
Buchholz/Hinsch/Hensinger, Hamburg
Übersetzung und deutsche Bearbeitung: Udo Stünkel
Satz: Fotosatz Habeck, Hiddenhausen
Druck und Bindung: Kunst- und Werbedruck,
Bad Oeynhausen
Printed in Germany 2011

Alle Rechte vorbehalten! Ohne ausdrückliche Erlaubnis des Verlages darf das Werk weder komplett noch teilweise reproduziert, übertragen oder kopiert werden, wie z. B. manuell oder mithilfe elektronischer und mechanischer Systeme inklusive Fotokopieren, Bandaufzeichnung und Datenspeicherung.

Delius Klasing Verlag, Siekerwall 21, D-33602 Bielefeld
Tel.: 0521/559-0, Fax: 0521/559-115

Widmung

Robert Wicks
Für Rog

Greg Baker
Für meine Frau Sue für ihre Unterstützung und Begeisterung während der Entstehung dieses Buches; sowie für meinen Vater, der stolz gewesen wäre, wenn er das Ergebnis noch gesehen hätte.
Und für Robert Wicks für seine Visionen, seinen Antrieb und (vor allem) seine Freundschaft – sie möge noch lange andauern; und für Austin Vince für seine unvergessliche Anmerkung, jeder sollte einmal aus dem Kelch des Motorradreisens trinken, denn das sei wirklich lohnend!

Danksagung

Die Autoren möchten den folgenden Personen für ihre Unterstützung und ihren Rat danken:
Nik Boseley, Danny Burroughs, Andy Dukes, Steve Eilertsen, Johan Engelbrecht, Scott Grimsdall, Mark Hodson, Jim Hyde, Mark Ingleby, Tony Jakeman, Adam Lewis, Jonathan Lloyd, Kylie Maebus, Joe Pichler, Nick Plumb, Lois Pryce, Julia Sanders, Kevin Sanders, Shaun Sisterson, Chris Smith, Barry Urand, Austin Vince, Waldo van der Waal, Juergen Weisz und Rodney Womack

Besonderer Dank geht auch an:
Simon Pavey – für seine Zeit, seinen Enthusiasmus und sein Engagement bei diesem Projekt. Er ist nicht nur ein überragender Geländefahrer, sondern auch ein großartiger Lehrer und ein Freund.

Das Team von Biking Viking – Eythor Orlygsson, Ingolfur Stefansson, Njall Gunnlaugsson, Hjortur L. Jonsson, Thorgeir Olason und Thorvaldur Orn Kristmundsson – für ihre Zeit und ihre Unterstützung während der wunderbaren Tage auf Island, wo wir den größten Teil des Fotomaterials für dieses Buch gesammelt haben.

So geht das Abenteuer Motorrad weiter ...

Robert Wicks
Abenteuertouren mit dem Motorrad
Richtig vorbereiten – erfolgreich durchführen
ISBN 978-3-7688-5280-7

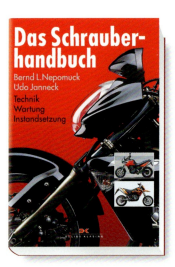

Udo Janneck, Bernd L. Nepomuck
Das Schrauberhandbuch
Technik - Wartung - Instandsetzung
ISBN 978-3-7688-5230-2

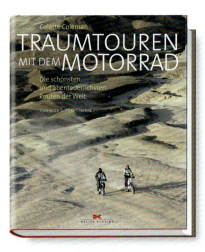

Colette Coleman
Traumtouren mit dem Motorrad
Die schönsten und abenteuerlichsten Routen der Welt
ISBN 978-3-7688-5306-4

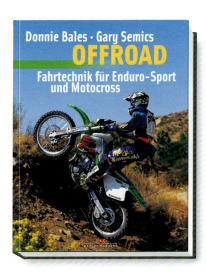

Gary Semics, Donnie Bales
Offroad
Fahrtechnik für Enduro-Sport und Motocross
ISBN 978-3-7688-5201-2

Erhältlich im Buch- und Fachhandel oder unter www.delius-klasing.de